DEMONIOS & LIBERACIÓN

H. A. MAXWELL WHYTE

WHITAKER HOUSE

Negrita en las citas de la Escritura indica que es énfasis del autor.

Traducción al español realizada por:
Belmonte Traductores
Manuel de Falla, 2
28300 Aranjuez
Madrid, ESPAÑA
www.belmontetraductores.com

Demonios y Liberación
Publicado originalmente en inglés bajo el título: *Demons and Deliverance*

ISBN: 978-1-60374-228-3
Impreso en los Estados Unidos de América

Whitaker House
1030 Hunt Valley Circle
New Kensington PA 15068
www.whitakerhouse.com

Para comentarios sobre este libro o para información acerca de otros libros publicados por Whitaker House, favor de escribir a: comentarios@whitakerhouse.com.

1 2 3 4 5 6 7 8 9 10 11 19 18 17 16 15 14 13 12

Contenido

PREFACIO

Mi primera experiencia con el ministerio de liberación fue con un hombre que había sufrido asma crónica desde su nacimiento. Antes de que acudiera a nosotros en busca de oración, ya habían orado por él siguiendo los métodos ortodoxos conocidos en la iglesia en ese tiempo, pero no había ocurrido nada. Cuando cambiamos de la oración de petición a una enérgica oración de mandato, los resultados fueron sorprendentes.

En el momento en que *ordenamos* al asma que se fuera en el nombre de Jesús, el espíritu de enfermedad que causaba los síntomas asmáticos comenzó a salir. En una hora y media, él fue sanado de forma completa y permanente.

Decir que mi esposa y yo nos quedamos sorprendidos es decir poco. No hicimos eso por conocimiento teológico, porque ¿qué nos enseña la teología sobre echar fuera demonios? Lo hicimos de manera experimental, dispuestos a probar cualquier método o sistema que causara alivio al afligido.

El primer caso claro de sanidad mediante liberación nos dio un atisbo de entendimiento sobre un tema sobre el que prácticamente no sabíamos nada. Eso formó una base de experimentación, y durante las siguientes tres décadas tendríamos algunos casos intensamente interesantes y muchas liberaciones maravillosas. Dios nos enseñó progresivamente mediante su Espíritu Santo a medida que estábamos dispuestos a abordar cada caso que se nos presentaba.

Yo tomé la sencilla postura de no saber nada, pero estaba dispuesto a aprender por medio de éxitos y fracasos. Cometimos muchos errores, pero vimos algunas liberaciones maravillosas. Afortunadamente, no me habían enseñado que un cristiano no puede "tener" un demonio. De hecho, no me habían enseñado *nada* a favor o en contra de los demonios: yo era un completo ignorante.

Cada vez más personas que sufren se nos han acercado durante los años a medida que se fue difundiendo la voz de que estábamos involucrados en el "ministerio de liberación". La mayoría de ellos parecían ser liberados del todo, o cuanto menos parcialmente. Algunos no fueron tocados, aunque estuvimos dispuestos a pasar mucho tiempo intentando desalojar a los demonios que les estaban molestando. Nos regocijamos con los éxitos, pero seguimos preguntándole al Señor acerca de los fracasos. El Señor gradualmente nos enseñó, y nuestro porcentaje de éxito aumentó.

Aprendimos muchas cosas, pero hay todavía mucho que aprender. Todo el ministerio de liberación parece ser un pozo inagotable del amor de Dios para liberar a los cautivos.

Quisiera alentar al lector a que no piense del autor como un experto, sino meramente como un siervo de Dios a quien el Señor ha llevado a un grado de conocimiento de este tema tan vital. Debido a este ministerio, miles han sido liberados y siguen siendo liberados.

Esta no es teología teórica, sino un enfoque bíblico práctico y realista de las necesidades de las personas, ¡y funciona!

—H. A. Maxwell Whyte

Primera parte:

Dominio sobre los demonios

1

Realidades satánicas

Mientras predicaba en el auditorio del ayuntamiento de Hamilton, Bermudas, una señora escocesa entre la multitud escuchaba con mucho interés el mensaje de sanidad y liberación. Varios meses después visitó nuestra iglesia en Toronto y pidió oración por su artritis. Sin embargo, me habían informado que esa señora regularmente asistía a una iglesia espiritista y que no tenía ninguna conexión con la fe cristiana. Sin embargo, su desesperada necesidad de sanidad le hizo buscar con sinceridad.

Le expliqué que debía ser franco con ella y preguntarle si era cierto que asistía a servicios y sesiones espiritistas.

"Sí", me dijo, "y me han beneficiado mucho las reuniones. He encontrado a Dios de una manera mucho más cercana, y Él me ha ayudado mucho".

Con amabilidad le expliqué que todas las formas de ocultismo están expresamente prohibidas en las Escrituras. Dios dijo que todo aquel que practique estas actividades será cortado de su presencia, lo cual era justamente lo opuesto a su testimonio sobre lo cerca que se sentía de Dios.

"¿Le gustaría que le mostrara las partes de la Biblia en las que Dios prohíbe expresamente toda forma de espiritismo?", le pregunté.

"Sí, por favor muéstremelo". Su apertura indicaba que el Espíritu Santo estaba actuando. Fui a los siguientes pasajes bíblicos:

> *No os volváis a los encantadores ni a los adivinos; no los consultéis, contaminándoos con ellos. Yo Jehová vuestro Dios.* (Levítico 19:31)

> *Y la persona que atendiere a encantadores o adivinos, para prostituirse tras de ellos, yo pondré mi rostro contra la tal persona, y la cortaré de entre su pueblo.* (Levítico 20:6)

> *Y si os dijeren: Preguntad a los encantadores y a los adivinos, que susurran hablando, responded: ¿No consultará el pueblo a su Dios? ¿Consultará a los muertos por los vivos? ¡A la ley y al testimonio! Si no dijeren conforme a esto, es porque no les ha amanecido.*
> (Isaías 8:19–20)

Estos pasajes rápidamente le convencieron, y de inmediato renunció a toda forma de ocultismo y necromancia. Esta mujer *no tenía idea* de que Dios había prohibido estas prácticas, y fue muy humilde con respecto a todo este asunto.

Cuando oré por ella, el Señor instantáneamente la sanó de toda artritis, rigidez y dolor, y mantuvo su sanidad. Una semana después de su liberación, regresó a la iglesia y fue poderosamente bautizada en el Espíritu Santo, hablando en lenguas. Me escribió de manera regular desde Escocia, y su fe se mantenía firme.

Poderes demoniacos extraños

Quienes practican el espiritismo y el ocultismo han producido señales y maravillas verificables sorprendentes. Negar su poder es de necios. Pueden hacer aparecer y desaparecer cosas.

La levitación de objetos inanimados es una realidad. Artículos como vasos pueden volar por una habitación y romperse en pedazos contra una pared. Las mesas pueden subir por las paredes, y se pueden oír voces, incluidas "otras lenguas" mediante trompetas y otros objetos.

Recuerdo hablar con un judío amigo mío que había estado en compañía de varios hombres en Newcastle, Australia, uno de los cuales practicaba las artes ocultas. Presumía de que podía hacer aparecer cualquier cosa en la habitación donde estaban sentados.

Mi amigo inmediatamente le pidió que "materializase" un atún del océano. Apenas había dado a conocer su deseo, cuando un gran atún mojado, moviéndose, apareció justamente en medio de la habitación.

¿Cómo llegó hasta allí? ¿Cómo puede un pez aparecer de la nada? ¿Cómo pueden levitar objetos inanimados, desafiando las leyes naturales de la gravedad? ¿Son todas estas señales y maravillas mentirosas "simples trucos", o son reales?

La respuesta, amigos míos, es que *son reales, pero no son de Dios*. Se producen mediante poderes demoniacos. Los demonios, al ser invisibles, llevan los vasos, sujetan las mesas a la pared y transportan cosas como un atún desde el mar hasta una habitación. Ellos tienen leyes que no conocemos ni entendemos. Cualquiera que abra su vida mediante la desobediencia a la Santa Palabra de Dios, puede convertirse en siervo de estos mismos poderes demoniacos.

Los dos magos de la corte de Faraón, Janes y Jambres, al igual que los actuales brujos africanos, tenían poder limitado, pero no dejaba de ser poder. La vara de Moisés se convirtió en una serpiente, y las suyas hicieron lo mismo (véase Éxodo 7:10–12).

Pero debemos recordar que Satanás no tiene poder para crear. Solamente Dios puede crear y crea mediante su Palabra. Satanás no puede crear nada excepto confusión y caos tomando las cosas de Dios y prostituyéndolas para sus propios fines.

No creemos que Janes y Jambres crearan serpientes; creemos que simplemente usaron poderes demoniacos para transportarlas desde la maleza a la corte de Faraón. La serpiente creada por Dios se comió entonces a las serpientes naturales, demostrando que Dios es mayor que el diablo y sus poderes demoniacos.

¿Espíritus buenos y malos?

El hombre se comunica con demonios, y cree que es meramente un juego de salón o una manera inofensiva de divertirse. Muchas personas creen en "la magia blanca" y la "magia negra" y distinguen entre "buenos espíritus" y "malos espíritus". La verdad es que muchos malos espíritus fingen ser buenos para engañar. Todos los demonios son malos, aunque se transformen en ángeles de luz (véase 2 Corintios 11:14).

Las personas tienen muchas ideas erróneas con respecto a los videntes espiritistas y lo que realmente ocurre en las sesiones de espiritismo. A pesar de lo que digan, los videntes espiritistas no se comunican con los muertos; en cambio, se comunican con espíritus demoniacos que imitan a quienes han muerto.

Imagínese una persona en la que haya habitado un demonio durante años. A su muerte, este demonio merodea en un estado sin cuerpo buscando otra persona que no ofrezca resistencia a sus esfuerzos para obtener entrada. Este demonio sabe muchas cosas íntimas que ocurrieron en la vida de la persona que falleció. Si algún vidente está dispuesto a comunicarse con este espíritu familiar, naturalmente el espíritu puede simular a la persona fallecida y engañar a la crédula asamblea reunida.

Muchas personas también tienen ideas erróneas acerca de las casas encantadas. Algunos creen que los fantasmas de personas fallecidas viven en esas casas, pero no es cierto.

Los demonios frecuentan casas y pueden causar golpes y sonidos en cualquier momento de la noche o del día. Esos sucesos son reales, pero un cristiano no debe tener temor porque tiene el nombre de Jesús y su sangre derramada con los que expulsar a esas potestades demoniacas.

Mayor actividad satánica

Recientemente leí que todos los institutos de secundaria estadounidenses tienen su propio brujo o brujos. En la Biblia, los hombres que se interesan por lo oculto se llaman magos. Tanto los brujos como las brujas están poseídos por un "espíritu familiar", lo cual está expresamente prohibido por las Escrituras.

> *No sea hallado en ti quien... practique adivinación, ni agorero, ni sortílego, ni hechicero, ni encantador, ni adivino, ni mago, ni quien consulte a los muertos. Porque es abominación para con Jehová cualquiera que hace estas cosas.* (Deuteronomio 18:10–12)

El espiritismo se practica ahora abiertamente en todos los campus estadounidenses. La brujería está muy extendida en Gran Bretaña, y Brasil afronta una epidemia de ocultismo. ¿Por qué se ha producido tal aumento en la actividad satánica? Porque las personas se están apartando de Dios y de su Palabra, y el vacío creado en el espíritu humano lo están llenando "otros espíritus".

Una vez se acercó a mí pidiendo oración una hermosa niña de dieciséis años. Parecía el tipo de niña que usted puede encontrar en una iglesia, pero Satanás es un engañador malicioso. Esa chica primero me dijo que había consumido drogas, y después confesó que también había estado haciendo de bruja en la escuela. Aparentemente tenía dos demonios.

Yo puse mis manos sobre su cabeza, reprendí a los demonios y les ordené que salieran en el nombre de Jesús.

Inmediatamente comenzaron a gritar, porque se dieron cuenta de su impotencia ante el nombre de Jesús y su sangre derramada. Gritaron y la ahogaron durante casi una hora. Muchos estudiantes cristianos sorprendidos comenzaron a interceder por ella hasta que fue completamente liberada.

Le pregunté si le gustaría ser llena del Espíritu Santo. Ella accedió de inmediato, y le enseñé a invocar y honrar la sangre de Jesús en oración. Enseguida el Espíritu Santo entró en ella, ¡y comenzó a hablar en una hermosa lengua desconocida! Me maravillé del hermoso cambio que Jesús produjo en su rostro.

En necesidad de liberación

Soy consciente de que algunos de estos relatos pueden sorprender a los *"reposados en Sion"* (Amós 6:1). Mientras el novio se retrasaba, la iglesia dormía y perdía muchas de estas grandes verdades (véase Mateo 25:5). Sin embargo, hoy día Dios está dando liberación. Secretos preciosos que fueron desconocidos durante años ahora son revelados por el Espíritu de Dios.

¿Cuántos cristianos están verdaderamente luchando contra potestades demoniacas? ¿Cuántos están en orden de batalla vestidos con la armadura del evangelio? ¡Nuestras iglesias se parecen más a clubes sociales que a cuarteles militares! Ni conocemos a nuestro enemigo, ni las armas que Dios nos da para luchar contra él. No queremos luchar contra las fuerzas que se oponen al reino de Dios; preferimos soñar con ir al cielo.

Muchas de las personas que asisten a nuestras iglesias en la actualidad tienen ellas mismas necesidad de liberación. Muchas están atadas y oprimidas, y algunas de sus peculiaridades pueden deberse a la influencia demoniaca.

Un domingo en la mañana, estaba yo ministrando en una iglesia del Evangelio Completo en Brooklyn, Nueva York. El pastor y su esposa se habían graduado recientemente de una escuela bíblica en Lima, Nueva York. Él estaba dirigiendo un canto en el servicio cuando, de repente, una señora en la congregación comenzó a balancearse de lado a lado con una mirada de contorsión y agonía plasmada en todo su rostro. Comenzó a chocarse contra quienes estaban a ambos lados de ella, y para mí era obvio que estaba atormentada.

Me dirigí al pastor, y le comenté: "¿Ve esa señora de allí? Es un caso de primera clase de operación de un demonio religioso".

"¿Qué debemos hacer?", me preguntó el joven pastor perplejo.

En una situación como esa, los dones del Espíritu son indispensables. El Señor puso en mi corazón que caminara por el pasillo y hablara con la señora. Sin embargo, en ese momento yo no sabía lo que Dios quería que le dijera. Animé al pastor a que siguiera cantando mientras yo abordaba la situación.

"Hermana, usted está atormentada", le dije.

"Sí", respondió, "lo sé".

Entonces le ofrecí orar por ella durante el tiempo de ministración después del servicio. Antes de regresar al frente, le dije que se sentara y se comportara en el nombre del Señor, cosa que hizo.

Al final de servicio, mi esposa y yo nos acercamos a la señora y le preguntamos si quería que orásemos por ella. Dijo que sí; por tanto, comencé a reprender al demonio religioso en el nombre de Jesús. Inmediatamente, comenzó a gritar con un sonido sobrenatural. Rápidamente rodeamos el santuario y cerramos todas las ventanas. Era verano, y los miembros de la iglesia, y no digamos sus vecinos, estaban atónitos por lo que estaba sucediendo.

Cuando terminé de hacer esa tarea, mi esposa puso sus manos sobre los hombros de la señora, y le impidió que se tirara contra el piso. Los demonios en esa mujer estaban muy agitados. Después de unos diez minutos de gritar y toser violentamente, fue liberada.

Tras experimentar un glorioso alivio de la atadura demoniaca, inmediatamente preguntó: "¿Por qué nadie hizo esto antes?". ¡Qué patética pregunta!; y al mismo tiempo, qué apropiada. ¿Por qué?

El ministerio de liberación, o echar fuera demonios, ha sido descuidado en la iglesia cristiana por diversas razones.

Muchos ministros e iglesias se apartan de él porque temen a lo desconocido. Dios está restaurando la enseñanza bíblica sobre la liberación para equipar a personas para este ministerio en los últimos tiempos.

Muchas personas carecen del conocimiento de la naturaleza y actuación de los demonios. La mayoría de cristianos saben que los ángeles son espíritu ministradores enviados para aquellos que son herederos de la salvación (véase Hebreos 1:4; Salmos 91:11). Desgraciadamente, a menudo nos olvidamos de las fuerzas espirituales opuestas en el mundo. Los ángeles malignos, los que cayeron de su anterior estado elevado como siervos fiables de Jehová, fueron derrotados en su rebeldía y echados del cielo con Lucifer, el lucero de la mañana, o Satanás mismo.

> *Y fue lanzado fuera el gran dragón, la serpiente antigua, que se llama diablo y Satanás, el cual engaña al mundo entero; fue arrojado a la tierra,* ***y sus ángeles fueron arrojados con él.*** (Apocalipsis 12:9)

La Biblia también enseña que el Señor usó a esos ángeles caídos para llevar sufrimiento a quienes le desobedecieron deliberadamente.

> *Envió* [Dios] *sobre ellos el ardor de su ira; enojo, indignación y angustia, un ejército de* ***ángeles destructores.***
> (Salmos 78:49)

El siguiente versículo da a entender que esos ángeles malvados provocaron una plaga mortal que produjo el juicio de Dios. A esos ángeles caídos Dios ha "*guardado bajo oscuridad, en prisiones eternas, para el juicio del gran día*" (Judas 6). Con la llegada del Señor Jesucristo, Satanás mismo será atado durante mil años y echado al pozo del abismo (véase Apocalipsis 20:1–3).

Cuando Satanás fue expulsado del cielo con sus legiones, recibió autoridad sobre la humanidad y sobre toda creación. De hecho, es capaz de influenciar a todo lo que tiene vida, y tiene un efecto definitivo sobre la atmósfera misma que rodea la tierra. El apóstol Pablo le llamó el "*príncipe de la potestad del aire*" (Efesios 2:2).

Este hermoso ser creado anteriormente se llamaba Lucifer, que significa "resplandeciente" (véase Isaías 14:12). Ocupaba la posición más elevada entre las huestes angélicas creadas pero intentó usurpar el trono de Dios. Lucifer orgullosamente hizo una quíntuple declaración:

> *Subiré al cielo; en lo alto, junto a las estrellas de Dios, levantaré mi trono, y en el monte del testimonio me sentaré, a los lados del norte; sobre las alturas de las nubes subiré, y seré semejante al Altísimo.* (Isaías 14:13–14)

Lucifer no perdió su poder o autoridad cuando fue expulsado del cielo. Bajo permiso divino, lo usa hoy entre la creación terrenal. Su poder, por tanto, es el más fuerte después de Jesucristo y es infinitamente mayor de lo que muchas personas imaginan.

Sin embargo, al final, Satanás sufrirá una rotunda derrota. Ese mismo pasaje de las Escrituras sigue describiendo el juicio de Lucifer.

> *Mas tú* [Lucifer] *derribado eres hasta el Seol, a los lados del abismo. Se inclinarán hacia ti los que te vean, te contemplarán, diciendo: ¿Es éste aquel varón que hacía temblar la tierra, que trastornaba los reinos; que puso el*

mundo como un desierto, que asoló sus ciudades, que a sus presos nunca abrió la cárcel? (Isaías 14:15–17)

Espíritus malvados

Los cristianos deben recordar que Satanás no es ni omnipresente ni omnisciente. Su poder es limitado. Para llevar a cabo su insidioso trabajo de mantener las maldiciones sobre el mundo, usa a una gran compañía de espíritus malignos, o ángeles caídos, que cumplen sus órdenes. Sin duda alguna, estos espíritus malvados están gobernados por órdenes angélicas bien disciplinadas de generales y capitanes.

No conocemos el número de estos espíritus malignos. Parece haber poca duda de que son mucho más numerosos que la humanidad. El pobre endemoniado gadareno tenía una legión de ellos en él. Leemos en el diccionario de la Biblia *Smith's Standard* que una legión consiste en cerca de seis mil hombres y expresa cualquier gran número con la idea accesoria de orden y subordinación (véase Mateo 26:53; Marcos 5:9).

No parece existir duda de que muchos accidentes, desgracias, peleas, enfermedades, dolencias y tristezas son el resultado directo de la obra individual de uno o más espíritus malvados. Los espíritus son *seres* igual que los humanos, salvo que no tienen una forma física. Por eso buscan habitar dentro de seres humanos o de animales (como en el caso de los cerdos a los que el Señor echó la legión del endemoniado gadareno). Puede que incluso intenten volver a entrar en un cuerpo cuando el espíritu de esa persona deja de resistirse a esas fortalezas (véase Mateo 12:43, 45).

¿Quién llena el espacio vacío?

El Dr. Lawrence Hammond, un científico nuclear nacido de nuevo, cuenta una experiencia que cambió su manera de pensar acerca del poder demoniaco.

> Un día soleado en Haití, lugar infestado de vudú, me atacó violentamente una bruja anciana. Su rostro era una horrible máscara de Halloween, sus dientes colmillos, sus dedos garras afiladas. Nadie tuvo que decirme que ella estaba oprimida por los demonios. Mediante el poder de la sangre de Jesús, y la autoridad de su nombre, el Espíritu Santo me capacitó para echar fuera los demonios de ella.
>
> Yo nunca había escuchado de nadie que practicara la liberación actualmente. Además, sabía que muchos cristianos rechazaban totalmente la existencia de demonios. Pero cara a cara con el poder satánico expresado a través de esa mujer violenta aprendí, para mi propio asombro, que un cristiano que cree que ha recibido poder sobre el enemigo puede echar fuera espíritus malignos en el nombre de Jesús.
>
> Pero aún tenía mucho que aprender. Durante semanas intenté descifrar cómo esa mujer podía estar tan oprimida por los demonios.
>
> Como científico, conocía el vacío del átomo, cuyos electrones son tan pequeños que solo una millonésima parte de ese volumen atómico está ocupada. También sabía que el cuerpo humano está compuesto de estos átomos "vacíos", ¡y que usted y yo somos de hecho 999.999.999.999 partes de espacio vacío!
>
> Lee Chesnut, antiguo orador de ciencia nuclear y autor de *The Atom Speaks and Echoes the Word of God*

[El átomo habla y resuena con la Palabra de Dios], señaló que ese vacío se tiene que llenar de algo: ya sea el Espíritu de Dios o el espíritu de Satanás. Como él dijo: "Usted y yo debemos decidir entre Satanás y el Señor Jesucristo, y qué es lo que va a ocupar y llenar nuestra vida".

Oprimido, obsesionado o afligido

Cuando espíritus malignos obtienen entrada en el cuerpo de una persona, hablamos de *opresión demoniaca*. Estos demonios usan el cuerpo de la persona afligida para llevar a cabo sus actos malvados. A los demonios les gusta controlar seres humanos y hablar a través de ellos.

Los demonios pueden preocupar, tentar o distraer a los creyentes. Este sería otro ejemplo de *opresión demoniaca*. Podrían hacer que nos "salgamos de la victoria", o perdamos los nervios, una condición en la que un cristiano no debe estar nunca.

Si los espíritus malvados controlan la mente de una persona, se denomina *obsesión demoniaca*. Alguien que piensa que ha cometido el pecado imperdonable está plagado de obsesión demoniaca. Sin embargo, si le pregunta será incapaz de decirle qué es el pecado imperdonable.

Los demonios también causan muchas aflicciones que padece la humanidad. Los espíritus descritos en la Escritura son repugnantes, malos, malvados, sordos, mudos, enfermos, inmundos y seductores.

Muchos creen que el cáncer no es otra cosa que una obra de espíritus malignos que, cuando son expulsados en el poderoso nombre de Jesús, se marchitan y mueren. ¿Quién discute la posibilidad de que la artritis, los tumores, la sordera y la mudez no puedan ser obra de demonios en partes del cuerpo? No decimos que tal persona esté "endemoniada", pero sí sugerimos que está muy afligida por demonios.

Creemos que la principal causa de toda enfermedad es espiritual. Los síntomas se pueden tratar por medios naturales, pero si usamos el nombre de Jesucristo y su sangre derramada como un arma contra Satanás en fe, entonces ciertamente veremos manifestaciones de sanidad divina porque la enfermedad queda destruida desde la raíz.

Tratar primero con los demonios

¿Es lo mismo la sanidad que la liberación? Jesús no lo creía. Él diferenció claramente entre sanidad divina y liberación de demonios. Veamos su último discurso a sus discípulos. Les enseñó a esperar cinco señales para demostrar el ministerio de la Palabra de Dios.

> *Y estas señales seguirán a los que creen: En mi nombre echarán fuera demonios; hablarán nuevas lenguas; tomarán en las manos serpientes, y si bebieren cosa mortífera, no les hará daño; sobre los enfermos pondrán sus manos, y sanarán.* (Marcos 16:17–18)

La primera señal fue echar fuera demonios en su nombre. Esta señal en particular se menciona *antes* de la señal de sanidad física. No sabemos si este orden es accidental, pero sospechamos que Jesús tenía una intención a la hora de poner primero la liberación, porque Él siempre trató primero los asuntos principales. Si primero echamos fuera demonios, por lo general no tendremos necesidad de orar por la enfermedad; la liberación del demonio podría traer la sanidad necesaria.

Es interesante destacar que el primer acto de ministerio público registrado de Jesús fue echar fuera un demonio.

> *Pero había en la sinagoga de ellos un hombre con espíritu inmundo, que dio voces, diciendo: ¡Ah! ¿qué tienes con nosotros, Jesús nazareno? ¿Has venido para destruirnos? Sé quién eres, el Santo de Dios. Pero Jesús le reprendió, diciendo: ¡Cállate, y sal de él! Y el espíritu inmundo, sacudiéndole con violencia, y clamando a gran voz, salió de él. Y todos se asombraron, de tal manera que discutían entre sí, diciendo: ¿Qué es esto? ¿Qué nueva doctrina es esta, que con autoridad manda aun a los espíritus inmundos, y le obedecen?* (Marcos 1:23–26)

Actualmente, muchos en la iglesia se están haciendo estas mismas preguntas. ¿Qué es liberación? ¿Es una nueva doctrina? ¿Están todos los creyentes llamados a liberar a las personas de espíritus malignos? ¿Existen peligros para quienes se involucran en la liberación?

Este ministerio suscita muchas preguntas en las mentes de los cristianos. ¿Puede un cristiano nacido de nuevo ser oprimido por potestades demoniacas? ¿Están causadas por demonios las enfermedades físicas y mentales? ¿Dónde ha estado este ministerio de liberación durante los siglos? ¿Puede un cristiano echar fuera demonios de sí mismo? ¿Cómo se sitúa una persona bajo la influencia demoniaca?

Ha llegado el momento de responder a las preguntas que los cristianos se están haciendo hoy día. No lo hacemos para poder formular más doctrina y teología, ¡sino para poder comenzar a liberar a las personas!

Si este ministerio era tan importante para Jesús, ¿debería ser menos importante para nosotros?

2

El extraño mundo de los espíritus

"Tú, espíritu inmundo de temor, ¡sal de ella en el nombre de Jesús!", le ordené. Sabía que nada más podía ayudarla.

Al término de una reunión de oración en un hogar en Florida, algunas personas habían decidido quedarse para la oración de liberación. Una temerosa mujer que había sido afligida por tener el cuello rígido durante muchos años estaba entre las personas que necesitaban ministración. Comencé a orar ordenando al espíritu de temor que saliera de ella. Inmediatamente fuimos testigos de una reacción, y durante los siguientes minutos este espíritu comenzó a liberarla hasta que regresó la paz.

Entonces Dios le recordó cómo había sido afligida con ese angustioso estado en un principio. Cuando ella tenía cinco años de edad, su padre le contaba frecuentemente cuentos de miedo al acostarle. Una noche, se superó a sí mismo en una ficción de horror. Los detalles eran tan gráficos y aterradores que ella comenzó a gritar aterrada. La madre llegó enseguida y entró, y le ordenó a su bienintencionado marido que se fuera del cuarto. La mamá intentó consolar a su aterrada hija, pero era demasiado tarde; el daño ya estaba hecho. Cuando su madre salió del cuarto, la pequeña se metió debajo de la manta, completamente petrificada de temor al acordarse de la espantosa historia que le contó su padre.

Como resultado de esa aterradora experiencia, un espíritu de temor entró en esta niña. Ese espíritu inmundo permaneció durante cincuenta años y también trajo un espíritu de tensión, que causó rigidez en el cuello. Ella experimentó un gran alivio cuando echamos fuera de ella a ese demonio.

El hombre: un ser espiritual

El ministerio de liberación es difícil de entender para algunas personas. Vayamos a las Escrituras para explicar el mundo de lo espiritual.

El apóstol Pablo oró: "*Y el mismo Dios de paz os santifique por completo; y todo vuestro ser, espíritu, alma y cuerpo, sea guardado irreprensible para la venida de nuestro Señor Jesucristo*" (1 Tesalonicenses 5:23). El hombre es trino. Primeramente espíritu, luego alma y luego cuerpo. Por tanto, el hombre es, principal y esencialmente, un ser espiritual.

En el principio, Dios hizo un cuerpo humano del polvo de la tierra, y luego sopló en ese cuerpo sin vida el aliento de vida. No creo que Dios tan solo expandiera los pulmones de Adán con aire fresco. Obviamente, se necesitaba algo más que eso para hacerle vivir. Creo que Dios literalmente sopló en el hombre su propia vida. Sopló espíritu en él, porque Dios es Espíritu.

El hombre es primeramente un ser espiritual. Dios no creó al hombre para usar su mente independientemente de su espíritu. Desgraciadamente, nuestro sistema educativo moderno apela solo al desarrollo de la mente. La mente del hombre enseña a la mente del hombre, pero el espíritu del hombre queda totalmente ignorado. De hecho, los hombres no regenerados simplemente no comprenden nada sus necesidades espirituales. Como dicen las Escrituras:

> *Pero el hombre natural no percibe las cosas que son del Espíritu de Dios, porque para él son locura, y no las puede entender, porque se han de discernir espiritualmente.*
> (1 Corintios 2:14)

La mente puede entender solo las cosas de la mente, y de igual forma el espíritu las cosas del Espíritu. Un viejo adagio dice: "Los pájaros del mismo plumaje vuelan juntos". Dios los cría y ellos se juntan.

Una iglesia que ministra a las necesidades del espíritu humano atraerá personas espirituales; pero la mayoría de las religiones simplemente tratan de satisfacer al hombre carnal. El cuerpo, con sus cinco sentidos, prefiere producir un sustituto de la verdadera adoración; pero Jesús dijo que Dios está buscando a quienes le adoren "*en espíritu y verdad*" (Juan 4:23).

No podemos adorar a Dios con nuestra mente o intelecto con el esfuerzo de una religión anímica. Hace mucho tiempo, Job preguntó: "*¿Descubrirás tú los secretos de Dios?*" (Job 11:7). La respuesta es no. No podemos encontrar a Dios ni entender nada acerca de Dios con nuestra mente o nuestro cuerpo. Por eso Dios hizo que el hombre fuera un ser espiritual.

La puerta al mundo espiritual

Quienes son parecidos se juntan. "*Un abismo llama a otro a la voz de tus cascadas*" (Salmos 42:7). Si un hombre quiere encontrar a Dios, debe buscarle a través de su espíritu. Si queremos escuchar un programa de radio, debemos sintonizar la frecuencia de nuestro receptor exactamente en la misma frecuencia que usa el transmisor. Así, podemos tener una recepción perfecta si estamos dentro de su alcance. De igual forma, la parte espiritual de nuestra naturaleza trina puede comunicarse con Dios cuando estamos sintonizados mediante la obra del Espíritu Santo.

Cuando tenemos comunión con Dios, lo hacemos mediante nuestro espíritu. Solo entonces comenzamos a entender la mente de Dios. Comenzamos a captar que Dios nos da parte de su mente (véase 1 Corintios 2:16). Comenzamos a pensar como Dios piensa, pero solo en parte, claro está. Nuestra mente es accionada mediante nuestro espíritu regenerado en comunión con Dios.

Esta puesta en acción de nuestra mente se aviva cuando somos bautizados en el Espíritu Santo. Comenzamos a entender cómo imparte Dios dones como palabra de sabiduría o de conocimiento, discernimiento de espíritus, lenguas, interpretación y profecía. Todos ellos provienen del Espíritu de Dios mediante el espíritu humano, no mediante la mente.

Si los dones espirituales llegaran a través de nuestra mente, se podría decir que los hemos "inventado", pero como provienen de Dios, no los pensamos en absoluto; simplemente los recibimos mediante nuestro espíritu. Cualquier supuesto "don" que provenga solo de la mente humana es un don falso.

A ambos lados del espíritu del hombre hay dos poderes espirituales compitiendo por su atención. Por un lado, Dios y los ángeles ejercen una influencia santa sobre el hombre. Por otro lado, Satanás, que dejó su estado de perfección para convertirse en el diablo, tienta a los hombres a pecar. Muchos creen que él tomó a un tercio de todos los seres angelicales creados, y que ellos son ahora los demonios que atormentan y afligen a toda la humanidad. Lucifer y los ángeles de Dios se convirtieron en Satanás y sus demonios.

Cuando una persona experimenta el nuevo nacimiento y aprende el secreto de usar su espíritu en lugar de su mente, abre la puerta al mundo espiritual. Ahora puede que se comunique con otros seres espirituales, ¡y eso es dinamita espiritual! Mediante la operación de su libre albedrío, puede conversar libremente con el Dios Todopoderoso. Algunos cristianos han experimentado visitaciones de ángeles.

Voces satánicas

Como el hombre es esencialmente un ser espiritual, puede oír la voz del Espíritu de Dios o la voz de Satanás y sus hordas malvadas. Muchos cristianos de buena conciencia y bautizados en el Espíritu Santo se han visto turbados por las sugerencias que espíritus malignos ponen en sus mentes. De hecho, quienes meditan excesivamente en esos pensamientos incluso han llegado a sufrir crisis nerviosas. Otros creyentes que no están firmemente arraigados en la Palabra de Dios han dudado de su salvación y finalmente han perdido la cabeza debido a ese tormento mental.

En el momento en que abrimos la puerta de nuestro espíritu al mundo espiritual, podemos recibir cualquier voz que sintonicemos. Por ejemplo, un receptor de radio de onda corta no puede distinguir entre estaciones rusas y estaciones americanas; simplemente oye lo que sintoniza. El espíritu humano actúa de la misma forma. Pero con una radio, podemos apagar "radio Moscú" si no nos gusta su propaganda. De igual forma, los cristianos pueden apagar las voces satánicas que no les gustan y sintonizar la frecuencia de Dios mediante un acto de su voluntad.

Muchos cristianos nos han hablado de las malas, torcidas y lascivas ideas que Satanás pone en sus pensamientos. Otros creyentes dicen que Satanás les dice que no son salvos; pero la Palabra de Dios dice lo contrario. ¿A quién vamos a creer? El Espíritu de Dios da testimonio de los versículos que dicen que somos salvos por fe. Por el contrario, Satanás protesta: "Oh, no, ¡no lo eres!". ¿No es esta la misma estrategia que usó el diablo en el huerto del Edén? "¿Conque Dios os ha dicho…?". ¡Qué mentiroso es!

Recuerde: escuchar una voz satánica no es algo malo. El pecado se produce solo cuando obedecemos esa voz. Nunca se obsesione con la voz del enemigo. Las personas que continúan escuchando a Satanás se sitúan rápidamente en el camino de llegar a obsesionarse con los demonios. Los creyentes deben tratar con rapidez y decisión las mentiras del enemigo. Ármese con la Palabra de Dios y rehúse creer cualquier cosa que sea contraria a su enseñanza.

Engañado por Satanás

A menos que un creyente mantenga su integridad y su rectitud ante Dios, podría fácilmente ser seducido por un ángel de luz (véase 1 Timoteo 4:1; 2 Corintios 11:13–15). Estos espíritus malignos intentan cortejar a los cristianos de forma muy similar a como una mujer inmoral se comportaría para conseguir ganarse el afecto de un hombre casado.

La dificultad es que Satanás no siempre dice mentiras. Un ángel de luz puede en realidad decir la verdad, pero su malintencionada inspiración proviene directamente de Satanás.

Estos ángeles de luz están engañando a muchos cristianos que asisten regularmente a las iglesias, quienes son fuentes de graves problemas para sus pastores.

El Nuevo Testamento narra un incidente de este tipo cuando Pablo y Silas se encontraban en Filipo.

> *Aconteció que mientras íbamos a la oración, nos salió al encuentro una muchacha que tenía espíritu de adivinación, la cual daba gran ganancia a sus amos, adivinando. Esta, siguiendo a Pablo y a nosotros, daba voces, diciendo: Estos hombres son siervos del Dios Altísimo, quienes os anuncian el camino de salvación. Y esto lo hacía por muchos días.* (Hechos 16:16–17)

Observe que la declaración de la muchacha era cierta: Pablo y Silas eran mensajeros de Dios que predicaban salvación. Muchas personas imprudentes en iglesias actualmente habrían aplaudido tal declaración como procedente del Espíritu Santo. Después de todo, era *cierto*, ¿no es así? Pero Pablo, muy molesto, se volvió y le dijo al espíritu: "*Te mando en el nombre de Jesucristo, que salgas de ella*" (Hechos 16:18), y salió en ese mismo instante.

No es de extrañar que Jesús les dijera a sus discípulos que habían de ser "*prudentes como serpientes, y sencillos como palomas*" (Mateo 10:16). Necesitamos continuamente ir un paso por delante de Satanás para que sus espíritus seductores no nos engañen.

Probar los espíritus

Muchas enseñanzas cuestionables están circulando por las iglesias en estos últimos tiempos.

Tenga cuidado con las doctrinas que vierten duda sobre la realidad del cielo y el infierno y los juicios de Dios; doctrinas que nos dicen que nadie vuelve a vivir hasta el día de la resurrección. Estas doctrinas no han sido reveladas por el Espíritu Santo, quien Jesús dijo que nos guiaría a toda verdad. Tales doctrinas han sido reveladas por otros espíritus.

> *Pero el Espíritu dice claramente que en los postreros tiempos algunos apostatarán de la fe, escuchando a espíritus engañadores y a doctrinas de demonios.*
> (1 Timoteo 4:1)

> *Y si os dijeren: Preguntad a los encantadores y a los adivinos, que susurran hablando, responded: ¿No consultará el pueblo a su Dios? ¿Consultará a los muertos por los vivos? ¡A la ley y al testimonio! Si no dijeren conforme a esto, es porque no les ha amanecido.* (Isaías 8:19–20)

Sopesemos siempre todo cuidadosamente sobre la base de la Palabra escrita de Dios. Alejarse de las normas de Dios es la forma más rápida de caer en el error y el engaño.

Esto plantea la siguiente pregunta: "¿Cómo podemos conocer la fuente que está detrás de un espíritu?". La respuesta la encontramos en el Nuevo Testamento.

> *Amados, no creáis a todo espíritu, sino probad los espíritus si son de Dios; porque muchos falsos profetas han salido por el mundo.* (1 Juan 4:1)

El apóstol Juan también dio a la iglesia primitiva algunas instrucciones específicas acerca de probar los espíritus:

> *En esto conoced el Espíritu de Dios: Todo espíritu que confiesa que Jesucristo ha venido en carne, es de Dios; y*

> *todo espíritu que no confiesa que Jesucristo ha venido en carne, no es de Dios; y este es el espíritu del anticristo, el cual vosotros habéis oído que viene, y que ahora ya está en el mundo.* (1 Juan 4:2–3)

Todos los cristianos deberían prestar atención a la advertencia de Jesús para estos tiempos.

> *Porque se levantarán falsos Cristos, y falsos profetas, y harán grandes señales y prodigios, de tal manera que engañarán, si fuere posible, aun a los escogidos.* (Mateo 24:24)

En el avivamiento actual de lo sobrenatural, debemos ser muy cuidadosos de contrastar todo milagro con la Palabra de Dios.

Si aceptamos alegremente todo como procedente de Dios, seremos engañados fácilmente. Una señal o un prodigio no necesariamente procede de Dios, ya que también puede proceder de Satanás.

Dios ha dado discernimiento de espíritus a la iglesia, y no creo que Él quiera que este don lo use solamente el pastor. Este don es para todos los hijos de Dios, aunque el pastor es enviado por el Espíritu Santo para administrar las verdades del Espíritu a la gente.

En una ocasión en Erie, Pensilvania, en una convención donde yo hablaba, un hombre se levantó y gritó que cierto evangelista era un hombre de Dios y que la gente debía prestarle atención. Lo hizo tres veces, interrumpiendo la reunión. Varios hombres intentaron callarle, pero él no se dejaba.

Yo discerní que era un demonio el que actuaba y no el espíritu del hombre. Me levanté de mi asiento, discerniendo el espíritu maligno, y le ordené que se callara en el nombre de Jesús. Ese hombre no volvió a interrumpir más.

Por protección de la iglesia, tanto el pastor como el laico igualmente deben saber discernir los espíritus malignos y cómo tratar con ellos.

¿Emoción o unción?

En muchas iglesias se permite cualquier cosa. El evangelismo de Hollywood crece, y se producen señales y prodigios en grandes reuniones sin garantía o fundamento bíblico, ¡y la gente se deleita y es engañada! Necesitamos el don de Dios para discernir espíritus ahora más que nunca.

¿Deberíamos aceptar todo evento sobrenatural como procedente del Espíritu Santo? No todo lo que ocurre en una reunión de iglesia es orquestado por el Espíritu Santo. A medida que Dios manifiesta cada vez más su poder en el ministerio de liberación, Satanás también aumenta sus señales y prodigios mentirosos (véase Mateo 24:24).

Cuando una persona se convierte en alguien nacido de nuevo y lleno del Espíritu Santo, puede experimentar una intensa emoción. El grado de emoción normalmente va en proporción con la personalidad de la persona. Quizá un escocés sienta menos emoción que un francés, o un alemán de Pensilvania menos que un tejano. El bautismo del Espíritu Santo no se nos da para perpetuar sentimientos sino para capacitarnos para luchar contra el diablo en fe, lo sintamos o no.

Desgraciadamente, Satanás ha sido muy listo desviando a miles de cristianos bautizados en el Espíritu Santo hacia una orgía de sentimientos y emociones. El evangelio no le debe nada a las emociones humanas, ya que está basado en la fe en la Palabra de Dios.

Muchos cristianos sinceros son engañados. Cuando manifiestan el don de lenguas o de profecía, sienten que deben atraer la atención a ellos mismos moviendo sus brazos, sacudiendo sus cuerpos o usando voces en falsete para impresionar a otros con la "tremenda unción del Espíritu" que sienten. Todas estas adiciones carnales son innecesarias y están causadas por la actuación de un espíritu engañador. El mensaje quizá sea de Dios, pero la manifestación es de la carne.

Recuerdo echar fuera a un demonio religioso de una señora que seguía gritando "Aleluya" con una voz alta nada natural. Cuando salió el demonio, ella se derrumbó al instante y no podía decir ni una palabra. La iglesia está abarrotada en la actualidad de demonios religiosos que simulan cosas santas.

No todo lo que ocurre en una reunión pentecostal es inspirado por el Espíritu Santo. Muchas cosas son del espíritu *humano* que no ha sido correctamente disciplinado. Otras molestias son obra de espíritus *malignos* que han tomado el control de la persona.

¿Qué ocurre con el hablar en lenguas?

Si el diablo puede simular cosas religiosas, ¡entonces hablar en lenguas quizá no sea necesariamente una señal de la morada del Espíritu Santo! Esto presenta un problema para la mente de muchas personas, pero creo que la respuesta es sencilla.

Mucho antes de que Dios creara al hombre, los seres angelicales que cayeron de su elevada posición en el cielo fueron expulsados a la tierra con su líder: Satanás (véase Apocalipsis 12:7–8).

Imagine a un demonio tomando posesión de un hombre chino hace siglos. Ese demonio aprendería a hablar chino por habitar en ese hombre. Con la muerte del hombre chino, el demonio intentaría habitar en otro cuerpo humano. Esta vez quizá entrase en un indio, y aprendiera su lenguaje. Con los años, quizá habitase en hombres y mujeres de muchas nacionalidades diferentes y, con el tiempo, habría aprendido todos sus idiomas.

Imagine a este demonio políglota entrando en un hombre de habla inglesa que asistiera a una de nuestras iglesias pentecostales. Si él levantase sus manos y hablase en chino, indio, francés o Hottentot, ¡le recibiríamos sin preguntar nada! ¡Muchos dirían que el hombre había sido bautizado en el Espíritu Santo!

En una sesión de liberación dirigida por el reverendo Lester Sumrall, un demonio habló en un inglés perfecto a través de una niña ignorante que no sabía hablar su propio dialecto filipino correctamente. Cuando fue echado fuera el demonio, la niña no pudo seguir halando inglés.

En mi propia experiencia, al liberar a las personas he oído a demonios cantar y profetizar antes de ser expulsados. En tales casos, la cara de la persona normalmente está distorsionada con formas horribles, pero las declaraciones pueden engañar.

¡No sea ingenuo!

Cuando se reúnen grandes multitudes, a los demonios religiosos les encanta "aparecer". Los cristianos no deben ser ingenuos. Solo porque una persona se caiga bajo el poder de Dios, no significa que debamos suponer que todas las caídas son de Dios.

Por ejemplo, en el caso del hijo endemoniado a quien Jesús liberó, leemos: "*Entonces el espíritu, clamando y sacudiéndole con violencia, salió; y él quedó como muerto, de modo que muchos decían: Está muerto*" (Marcos 9:26). A veces cuando una persona afligida llega a la presencia de alguien que echa fuera demonios, el demonio le tira al suelo, le produce convulsiones o causa alguna otra manifestación física.

Recuerdo ministrar a una muchacha en el estado de Nueva York que acababa de recibir un glorioso bautismo del Espíritu y había hablado en lenguas. Mientras magnificaba a Dios, su brazo izquierdo se movía violentamente, y observamos eso y preguntamos al respecto. Alguien con buena intención que estaba allí nos informó que sus temblores los provocaba el "Espíritu Santo" porque cada vez que ella comenzaba a alabar a Dios su brazo izquierdo comenzaba a oscilar.

Le dijimos amablemente que el Espíritu Santo no hace que los brazos de las personas oscilen violentamente, como era el caso. Después supimos que esa chica de diecisiete años tenía epilepsia. De hecho, sus padres tenían planeado hacerle una cirugía cerebral cuando cumpliera los veintiún años. Los doctores le recomendaron esa operación para aliviar la presión en la parte izquierda del cerebro. A pesar de su grave diagnóstico médico, les dije a las personas presentes que esa niña necesitaba liberación.

Cuando comenzamos a reprender constantemente el poder de Satanás, su brazo comenzó a oscilar violentamente. Durante los siguientes quince minutos, la oscilación comenzó a desacelerar progresivamente. Tras treinta minutos, cesó el movimiento.

Le miramos a los ojos y le dijimos: "Hermana, creemos que has sido sanada". Ella comenzó a llorar de gozo, diciéndonos que el Señor había aliviado toda presión cerebral. Más adelante testificó en su propia iglesia que había sido sanada por el poder de Dios. No fue necesaria ninguna operación a los veintiún años. El demonio había sido expulsado.

¿Qué marca la diferencia?

Subestimamos el poder de las fortalezas demoníacas. Los demonios intentan que sigamos siendo ignorantes, porque no se nos enseña sobre estas cosas en nuestras iglesias. No importa lo gloriosa que haya sido su experiencia pasada, no importa lo frecuentemente que haya hablado usted en lenguas y profetizado, no importa lo ejemplar que haya sido su vida en el pasado, aún puede usted desviarse y permitir que un demonio obtenga ventaja en su vida.

Los dones del Espíritu son dones de Dios, pero no impedirán que usted permita entrar a otros espíritus. Una vez que hemos abierto nuestras vidas al mundo espiritual, debemos tener cuidado de que solo el Espíritu Santo nos posea, y que seamos guardados bajo la preciosa sangre de Jesús.

Aunque Satanás puede hablar en lenguas a través de una persona, todo aquel que ha sido verdaderamente bautizado en el Espíritu también puede hablar en lenguas por el Espíritu Santo (véase Hechos 2:4). Pero ¿cómo podemos saber la diferencia?

Jesús dio la respuesta: *"Por sus frutos los conoceréis"* (Mateo 7:16). Si un cristiano que habla en lenguas no manifiesta el fruto del Espíritu (véase Gálatas 5:22–23) en su vida, se debe sospechar de él en la asamblea.

Creo que el pastor tiene la autoridad de Dios para insistir en que un miembro indisciplinado guarde silencio en la iglesia para que no dé un mensaje de un espíritu maligno o de su propio espíritu humano en vez del Espíritu Santo. Y tal ocurrencia es del todo posible si el cristiano no camina en una comunión íntima con Dios.

Este hecho vierte algo de luz sobre las palabras de Jesús:

> *Muchos me dirán en aquel día: Señor, Señor, ¿no profetizamos en tu nombre, y en tu nombre echamos fuera demonios, y en tu nombre hicimos muchos milagros? Y entonces les declararé: Nunca os conocí; apartaos de mí, hacedores de maldad.* (Mateo 7:22–23)

¿Cómo es posible que esas personas echen fuera demonios, profeticen y hagan señales, maravillas y milagros? De igual modo que Judas Iscariote, debieron de haber tenido una buena relación con Dios en algún momento, pero ¿qué les ocurrió? Dieron pie al orgullo, el poder, la avaricia, la lujuria y los celos, y Jesús no encontró lugar para ellos en su reino. Las lenguas no les salvaron; profetizar no les salvó. "*Por sus frutos los conoceréis*", dijo Jesús (véase Mateo 7:16).

Pablo se enfocó en el equilibrio entre el fruto y los dones del Espíritu en sus Epístolas.

> *Si yo hablase lenguas humanas y angélicas, y no tengo amor, vengo a ser como metal que resuena, o címbalo que retiñe. Y si tuviese profecía, y entendiese todos los misterios y toda ciencia, y si tuviese toda la fe, de tal manera que trasladase los montes, y no tengo amor, nada soy.*
> (1 Corintios 13:1–2)

> *Seguid el amor; y procurad los dones espirituales.*
> (1 Corintios 14:1)

Pablo exhortó a los corintios a buscar tanto los frutos incluidos en el fruto del amor, como los nueve dones espirituales mencionado en la misma Epístola.

Los dones sin el fruto no benefician a nadie, incluyendo al que los tiene. El fruto sin los dones es hermoso, pero le falta el poder. Necesitamos nueve dones y nueve frutos trabajando en simetría y armonía en este avivamiento de lo sobrenatural en los últimos tiempos.

3

CÓMO PROTEGERSE

Un caluroso día de agosto en Huntingdon Beach, California, me dirigí a un grupo de creyentes carismáticos y prediqué sobre el ministerio de Jesús de sanidad de los enfermos y echar fuera demonios. Cuando terminé, expliqué que Jesús quería tocar a las personas del mismo modo en la actualidad. A medida que comencé a orar por personas con varias necesidades, muchos tosían, se ahogaban y mostraban las manifestaciones normales de la liberación que ocurren cada vez que ministro.

Un hombre cristiano tenía rigidez en la columna. Caminaba derecho pero no había podido agacharse durante más de veinte años porque su columna estaba "agarrotada". Tras explicarle que su aflicción probablemente estaba causada por un espíritu de enfermedad, le recordé la mujer de la Biblia que tenía una enfermedad similar:

> *Y había allí una mujer que desde hacía dieciocho años tenía espíritu de enfermedad, y andaba encorvada, y en ninguna manera se podía enderezar. Cuando Jesús la*

vio, la llamó y le dijo: Mujer, eres libre de tu enfermedad. Y puso las manos sobre ella; y ella se enderezó luego, y glorificaba a Dios. (Lucas 13:11–13)

Hice hincapié en que la situación de esa mujer estaba causada por un demonio: un "espíritu de enfermedad". Después impuse mis manos sobre el hombre, reprendí al espíritu de enfermedad y le ordené que saliera de su columna.

"Ahora", le dije al hombre, "tan solo comience a doblar su espalda, y siga doblándose hasta que pueda tocar sus pies".

Me miró un tanto perplejo. "¡Llevo veinte años sin poder hacerlo!".

Pero actuó en fe, y lento pero seguro, cada vez que se inclinaba las puntas de sus dedos se quedaban un poco más cerca de sus pies. Después de ocho minutos, comenzó a gritar. ¡Se había tocado los pies! Jesús había sanado veinte años de enfermedad en solo ocho minutos!

Continuamente limpio

Muchos cristianos se ofenden con la idea de que pudieran tener un "espíritu de enfermedad" o ser oprimidos por algún otro demonio. Algunas personas se enojan cuando les decimos que Satanás puede engañarles, hacer que padezcan enfermedades, engatusarles para que se aparten o seducirles.

Ellos contestan: "Satanás no me puede molestar. Soy cristiano". Hemos conocido a miles de personas que se niegan a creer que Satanás pueda preocupar, afligir, oprimir, reprimir, deprimir, frustrar, hablar o mentir a un hijo de Dios.

Si Satanás y sus huestes demoniacas no pueden afligir a los cristianos, ¿por qué varios escritores del Nuevo Testamento advirtieron a la iglesia primitiva acerca de las tácticas engañosas del enemigo? Tenemos que leer estas advertencias cuidadosamente y ponerlas en práctica en nuestra vida diaria:

> *Ni deis lugar al diablo.* (Efesios 4:27)

> *Sed sobrios, y velad; porque vuestro adversario el diablo, como león rugiente, anda alrededor buscando a quien devorar; al cual resistid firmes en la fe.* (1 Pedro 5:8–9)

> *Resistid al diablo, y huirá de vosotros.* (Santiago 4:7)

Los apóstoles Pablo, Pedro y Santiago se dirigían a cristianos bautizados en el Espíritu Santo que habían abierto su vida, mente y corazón al Espíritu Santo. Una vez capacitados por el Espíritu Santo, podían esperar que Satanás intentara afligirles u obstaculizarles para que no hicieran la voluntad de Dios.

¿Un agujero en el vallado?

Todos estamos familiarizados con el libro de Job. Este hombre justo, Job, tenía un hermoso vallado de protección a su alrededor. Satanás solía merodear alrededor de ese vallado día y noche esperando que se produjera un agujero. Y un día el agujero apareció.

¿Como ocurrió? El temor de Job derribó las defensas de Dios. ¿Recuerda lo que dijo Job? *"Porque el temor que me espantaba me ha venido, y me ha acontecido lo que yo temía"* (Job 3:25).

Dios no había derribado el vallado, pero Job había *creado* un agujero en él *por su propio temor*. La protección de Dios ya no podía operar porque la fe no puede existir donde está presente el temor. Satanás le causó a Job gran angustia y casi destruyó su vida.

Conocer estas verdades nos ayudará a entender por qué algunos cristianos se enferman en el cuerpo y la mente. ¿Por qué hay algunos cristianos en clínicas psiquiátricas? Esto no es un fallo del evangelio, porque Jesús vino a *"pregonar libertad a los cautivos"* y a *"poner en libertad a los oprimidos"* (Lucas 4:18).

¿De quién es la culpa de que los cristianos estén aquejados de aflicciones físicas y mentales? ¿Podría ser que quienes han recibido a Cristo mediante la fe comiencen a escuchar las tentaciones de Satanás y a caer en su trampa, ignorando así los claros mandamientos de Dios?

No hay nada automático en la salvación ni en ninguna de las promesas de Dios. Deben recibirse por la fe continuamente; debemos resistir al diablo diariamente. Si no lo hacemos, Dios no tiene la culpa de que nuestro vallado de protección se derrumbe dando acceso a nuestras vidas al destructor.

No hay garantías

El típico caso de posesión demoniaca implica a Judas Iscariote, a quien Jesús había escogido como apóstol y discípulo. Parece impensable que Jesús hubiera escogido a un hombre malvado para sanar enfermos y echar fuera demonios. Judas debió de haber sido sincero en su fe en un tiempo, así como muchos en la iglesia lo son hoy día.

En Juan 13:2 leemos cómo Satanás tentó a Judas para hacer su obra malvada:

> *Y cuando cenaban, como el diablo ya había puesto en el corazón de Judas Iscariote, hijo de Simón, que le entregase.*

El primer acto del diablo fue hablar a Judas y *poner el pensamiento en su corazón*: el lugar más profundo de sus afectos. Judas decidió obedecer a Satanás y, por tanto, le dio la espalda a Dios y a su Palabra. Judas, el discípulo, primero fue oprimido, ¡pero finalmente fue poseído! "*Y después del bocado,* ***Satanás entró*** *en él*" (Juan 13:27).

Si Judas Iscariote pudo terminar poseído por el diablo, ¿cuánto más nosotros podemos serlo? Satanás sabe que su tiempo es corto, y está trabajando más que nunca para destruir la obra de Dios que está transformando vidas en la actualidad. Ser salvo y lleno del Espíritu de Dios no es una garantía automática de que continuará usted en la fe.

Muchos cristianos sinceros mantienen una actitud no bíblica de que cuando nacen de nuevo y son lavados por la sangre de Cristo, Satanás no puede volver a tocarles. Desgraciadamente, esta enseñanza actúa de forma contraria, y en vez de dar protección hace que muchos creyentes sean vulnerables a los ataques. ¿Por qué? ¡Porque la protección de Dios no es automática!

Protegido por la sangre

Del mismo modo que un niño tiene que lavarse diariamente con agua y jabón, necesitamos la limpieza continua de la sangre de Cristo. No tomamos la Cena del Señor después de convertirnos y nunca más volvemos a tomarla, ¿no es así? Entonces ¿por qué debemos pensar de ese modo en la limpieza de la sangre de Cristo? Necesitamos una limpieza continua. ¿Qué dicen las Escrituras?

> *Pero si andamos en luz, como él está en luz, tenemos comunión unos con otros, y la sangre de Jesucristo su Hijo nos limpia de todo pecado.* (1 Juan 1:7)

Observe que "limpia" está en tiempo presente. Eso significa que limpia *continuamente*, no una vez en el pasado, sino progresivamente ahora y en el futuro.

Cada hijo de Dios debe mantenerse conscientemente cubierto y lavado con la sangre de Jesucristo cada momento del día.

La sangre de Jesucristo es nuestra mejor salvaguarda. Quienes participan en el ministerio de liberación deberían usar la sangre en fe para probar todo lo que reciben del mundo espiritual. Los espíritus malignos se ponen muy nerviosos cuando se menciona la sangre de Jesús.

Una señora que se consideraba cristiana hizo una verdadera pataleta un día y me regañó enérgicamente, ¡pero yo decidí que no iba a dejar que una señora apartada del camino me riñera! Por tanto, ordené al demonio que saliera de ella. Lo hizo, al menos uno de ellos, y me agarró por la garganta y comenzó a estrangularme.

Yo clamé tres veces: "¡La sangre!", y el demonio regresó a ella.

Pero mientras intentaba ahogarme, el demonio en la señora dijo: "Mira, ¡*tú* tienes un demonio!". Pero era una mentira de Satanás, y mediante la sangre vencí al demonio.

En otra ocasión experimenté un ataque demoniaco mientras dormía. En medio de la noche, me desperté y me di cuenta de que casi se me había agotado la vida. Mi corazón estaba muy oprimido. Sentí como si la vida casi se hubiera ido.

Clamé tres veces: "¡La sangre!". El demonio se fue rápidamente, y el resto de la noche lo pasé en paz. A la noche siguiente a la misma hora, mi esposa tuvo la misma experiencia, y el mismo uso de la sangre produjo liberación instantánea.

Ningún demonio puede saltarse la sangre, pero tiene que estar en su lugar mediante la fe.

Un ministro amigo mío me contó la siguiente historia que le ocurrió en las Bahamas, donde fue a predicar en una iglesia. Ningún pastor había podido estar allí porque los desagradables nativos salían de la selva haciendo sonar sus tambores y gritando obscenidades, lo cual hacía imposible la adoración.

Nuestro amigo aceptó el reto y decidió reclamar aquella área para Cristo. Caminó alrededor del perímetro de la iglesia, invocando la sangre de Jesús en voz alta para que Satanás lo oyera y para honrar a Dios. Una vez fue suficiente. Ahora hay paz. El espíritu maligno que molestaba se ha ido, y un nuevo misionero tiene la intención de hacerse cargo de la iglesia. Ahora la obra de Dios continuará.

No declaramos lo suficiente la sangre de Jesús en nuestra adoración, en nuestras oraciones y en nuestros ataques contra las fortalezas de Satanás. Estoy seguro de que si las asambleas cristianas en todo lugar magnificaran la sangre de Jesús, veríamos a los miembros carnales avivados y unas bendiciones tremendas derramadas en nueva vida para la iglesia.

El poder de la sangre

La ciencia médica enseña que los gérmenes causan muchas enfermedades. Pequeños parásitos pueden instalarse en una parte del cuerpo, multiplicarse y causar un gran daño. Otras enfermedades, sin embargo, no parecen estar causadas por gérmenes.

¿Tiene Dios alguna manera de proteger a su pueblo de esos gérmenes? Dios es todopoderoso, y nada se escapa de su poder. Ciertamente, Él puede enviar a sus espíritus ministradores para protegernos e impedir que espíritus malvados pongan gérmenes en nuestro cuerpo, si oramos por protección y guardamos los mandamientos de Dios.

Recuerde que nada ocurre por "casualidad" o por suerte, sino que todo es ordenado por Dios. Los gérmenes son parte de la maldición que será destruida cuando regrese Jesucristo, y los demonios son simplemente agentes en manos de Satanás para hacer su obra tal como él indique del mismo modo que los soldados obedecen a sus oficiales.

En nuestra experiencia hemos comprobado positivamente este hecho. Cuando se derramó agua hirviendo sobre el brazo de un hombre, inmediatamente oramos, reconociendo el poder de la sangre derramada de Jesucristo sobre la herida. Sorprendentemente, no se produjo inflamación. Esto demuestra claramente que los demonios no pueden visitar la parte herida del cuerpo con gérmenes cuando reconocemos y usamos la sangre de Jesús.

Lo mismo ocurre con los cortes o arañazos. Recientemente reprendimos el flujo de sangre de un gran arañazo en la frente de un niño, y se detuvo de inmediato. La herida se juntó, y al día siguiente el niño estaba corriendo como si nada le hubiera ocurrido. El mejor desinfectante del mundo es la sangre de Jesucristo, aplicada mediante la fe, porque mantiene lejos todos los espíritus impuros.

La única manera de protegernos de esos terribles poderes es estando cubiertos continuamente mediante la fe en la sangre de Jesús, la cual pronuncia derrota sobre esos espíritus demoniacos. Esta es la bendita posición de morar *"bajo la sombra del omnipotente"* (Salmos 91:1). No podemos confiar en ninguna otra protección o "sombra" sino en la cobertura de la preciosa sangre de Jesucristo.

Protección angelical

Los ángeles de Dios también nos protegen de los pequeños percances de la vida que están directamente causados por espíritus demoniacos. Veamos una tremenda promesa en la Palabra de Dios:

> *Porque has puesto a Jehová, que es mi esperanza, al Altísimo por tu habitación, no te sobrevendrá mal, ni plaga tocará tu morada. Pues a sus ángeles mandará acerca de ti, que te guarden en todos tus caminos. En las manos te llevarán, para que tu pie no tropiece en piedra.* (Salmos 91:9–12)

¿No es maravilloso pensar que los hijos de Dios, mediante la fe en Jesucristo, son objeto del cuidado angelical?

Los ángeles de Dios también llevan las respuestas a las oraciones. Una batalla espiritual en los cielos obstaculizó la respuesta a la oración y el ayuno de Daniel.

> *Entonces* [el ángel] *me dijo: Daniel, no temas; porque desde el primer día que dispusiste tu corazón a entender y a humillarte en la presencia de tu Dios, fueron oídas tus palabras; y a causa de tus palabras yo he venido. Mas el príncipe del reino de Persia se me opuso durante veintiún días; pero he aquí Miguel, uno de los principales príncipes, vino para ayudarme, y quedé allí con los reyes de Persia.* (Daniel 10:12–13)

Las fuerzas demoniacas sobre esa área geográfica se opusieron al mensajero de Dios durante las tres semanas en que Daniel ayunó y oró. Cuando Miguel se unió a la batalla, las fuerzas de Dios vencieron. Daniel finalmente recibió su respuesta.

Tome su autoridad

Algunas de las experiencias que he estado describiendo quizá asusten a las personas tímidas de modo que no quieran entrar totalmente en su herencia. Pero me gustaría recordarle que la promesa de Jesús sigue en pie:

> *He aquí os doy potestad de hollar serpientes y escorpiones, y sobre toda fuerza del enemigo, y nada os dañará.*
> (Lucas 10:19)

La mayor arma de Satanás es el temor. No debemos sucumbir a temer o ser paralizados por el temor. Debemos ser fuertes en la fortaleza de nuestro Salvador, quien nos ha dicho que no tengamos temor de nada. No hay nada que temer. Satanás es un enemigo derrotado.

Recuerde que algunos demonios dijeron hace mucho tiempo: "*A Jesús conozco, y sé quién es Pablo; pero vosotros, ¿quiénes sois?*" (Hechos 19:15). Los demonios reconocen que el hombre de Dios tiene la misma autoridad que Jesús, si ejercita el poder y la autoridad que Dios le ha dado.

En Hechos 1:8 leemos que llega poder sobre nosotros cuando somos llenos del Espíritu Santo. Muchas personas hoy día buscan en vano una demostración del poder de Dios. Ningún automóvil avanza si no metemos las marchas.

De igual forma, ningún cristiano lleno del Espíritu Santo producirá poder alguno hasta que ejercite su fe, hasta que cada creyente decida que va a poner fin a esa opresión maligna ahora mismo mediante Cristo. Los cristianos que pasan a la acción obtienen resultados.

El cristiano que ora y pelea de rodillas puede atacar las fortalezas del diablo con gran efecto. "*Yo os he entregado, como lo había dicho a Moisés, todo lugar que pisare la planta de vuestro pie"* (Josué 1:3). Debemos poner nuestro pie sobre el cuello de Satanás, tomarle por el rabo y echarle fuera.

¿Qué deberíamos hacer?

Cuanto más se aleje una nación de Dios y de su amor mostrado en Jesucristo, más se abrirá esa nación al control de los poderes demoniacos. Este mismo principio sucede en los individuos.

Un hombre borracho se abre a la posesión demoniaca debido a su falta de control. Alguien que pierde los nervios también queda expuesto de forma similar. Las personas enfermas y no regeneradas que están debilitadas por el sufrimiento también son vulnerables a menos que alguien ore por ellas en fe. Y cualquiera que tenga algo que ver con el espiritismo, las ciencias ocultas o las sectas es casi seguro que también estará afectado.

¿Cómo deberíamos responder a las fuerzas demoniacas que nos rodean? La Palabra de Dios nos da la respuesta:

> *Resistid al diablo, y huirá de vosotros.* (Santiago 4:7)

La resistencia conlleva estar en guardia, estar cubierto con la sangre de Cristo y mantenernos bajo control.

El apóstol Pablo escribió sobre la guerra espiritual diciendo que era necesaria para cambiar situaciones en el ámbito natural.

> *Porque no tenemos lucha contra sangre y carne, sino contra principados, contra potestades, contra los gobernadores de las tinieblas de este siglo, contra*

huestes espirituales de maldad en las regiones celestes.
(Efesios 6:12)

Estos poderes demoniacos controlan a los gobernantes de las tinieblas y viven en el primer cielo de la atmósfera terrestre. No viven en el cielo, porque de allí fueron expulsados.

El apóstol Pablo también describió la armadura espiritual que los cristianos necesitan para resistir y luchar contra el verdadero enemigo que se opone a nuestros intereses en la tierra.

Por tanto, tomad toda la armadura de Dios, para que podáis resistir en el día malo, y habiendo acabado todo, estar firmes. Estad, pues, firmes, ceñidos vuestros lomos con la verdad, y vestidos con la coraza de justicia, y calzados los pies con el apresto del evangelio de la paz. Sobre todo, tomad el escudo de la fe, con que podáis apagar todos los dardos de fuego del maligno. Y tomad el yelmo de la salvación, y la espada del Espíritu, que es la palabra de Dios; orando en todo tiempo con toda oración y súplica en el Espíritu, y velando en ello con toda perseverancia y súplica por todos los santos.
(Efesios 6:13–18)

Si no seguimos su consejo, entonces estamos expuestos a los poderes demoniacos y no debemos culpar a Dios. Él ha provisto todo lo necesario para nuestra protección.

4

Personalidades demoniacas únicas

Los demonios tienen personalidades peculiares y únicas como los seres humanos. No hay dos demonios iguales. Yo he sido testigo de personalidades demoniacas muy peculiares que se manifestaban a través de personas.

Hice un descubrimiento poco común acerca de las personalidades demoniacas en Bogotá, Colombia, Sudamérica. Un pastor colombiano me había pedido que fuera al hospital de la ciudad a orar por una señora que se estaba muriendo. Cuando entramos en su habitación del hospital, vimos una escena patética.

La mujer estaba inconsciente, y tenía insertado un tubo de plástico en su laringe. Recibía oxígeno de una botella, y su nariz y su boca estaban totalmente cerradas. Sus familiares no había salido de la habitación durante cuatro días. Hora tras hora, habían estado allí llorando, cosa que hacía difícil que se cargara la atmósfera de fe. Los doctores me informaron que le quedaban dos horas de vida.

Me habían llamado para ayudar, pero ¿qué podía hacer yo? No tenía la más mínima idea, pero me arrodillé junto a la cama y le pedí a Dios que me ayudara. De repente, una paz no terrenal descendió a esa habitación, e incluso los familiares la sintieron. El Espíritu de Dios nos rodeó. Tomé la mano de la señora, puse mi otra mano sobre su frente, y dije: "Muerte, te reprendo en el nombre de Jesús". Al día siguiente me dijeron que la mujer había recobrado rápidamente la conciencia. Una semana después salió del hospital.

El pastor colombiano que me había acompañado al hospital estaba atónito por ese buen informe. Me pidió que me reuniera con él en su oficina. Con su cabeza inclinada, admitió que se sentía avergonzado de su iglesia porque nadie había sido capaz de hacer eso.

"Sí", le dije, "pero fue Jesús quien la sanó, no yo".

"Sí", respondió, "pero usted *reprendió a la muerte*. Nunca antes había oído de alguien que hiciera eso".

Jesús probablemente hubiera hecho lo mismo en esa situación porque la muerte es un espíritu. Esa sanidad impactó la iglesia en Colombia y les abrió a la obra del Espíritu Santo entre ellos.

Seres inteligentes

Recuerde que ni Satanás ni sus espíritus demoniacos son *cosas*. Tampoco deberíamos tomarlos a la ligera. Los demonios son *seres* que poseen una inteligencia maliciosa, y cada uno de ellos desea expresarse a través de un cuerpo. Un demonio no está feliz a menos que tenga un cuerpo. Como ellos mismos no tienen un cuerpo físico, los demonios intentan habitar o usar los cuerpos de seres humanos o animales.

Muchas enfermedades están realmente causadas por demonios, y deberíamos tratarlas como tales. Veamos un ejemplo bíblico donde sucedió esto.

> *Entonces Jesús se levantó y salió de la sinagoga, y entró en casa de Simón. La suegra de Simón tenía una gran fiebre; y le rogaron por ella. E inclinándose hacia ella, reprendió a la fiebre; y la fiebre la dejó, y levantándose ella al instante, les servía.* (Lucas 4:38–39)

Si esa fiebre era solo un problema físico, ¡hubiera sido necio reprenderla! No tiene sentido reprender algo inanimado. Solo se puede reprender algo que tenga inteligencia, y Jesús sabía que un espíritu había causado esa fiebre. La fiebre se fue de la suegra de Pedro porque tenía que obedecer la orden autoritativa de Jesús.

Llamar al enemigo por su nombre

Cuando usted se involucra en la guerra espiritual, es importante que conozca a su enemigo. Los siguientes espíritus malignos, demonios o diablos se mencionan en las Escrituras. Cada uno es una personalidad, y la palabra utilizada expresa su naturaleza:

1. espíritu de enfermedad o debilidad (Lucas 13:11)
2. espíritu mudo (Marcos 9:25)
3. espíritu sordo (Marcos 9:25)
4. espíritu malo (1 Samuel 16:14)
5. espíritu inmundo (Apocalipsis 18:2)
6. espíritu maligno (Mateo 10:1, NVI)
7. espíritu de adivinación (Hechos 16:16)

8. espíritu de esclavitud (Romanos 8:15)
9. espíritu de error (1 Juan 4:6)
10. espíritu del mundo (1 Corintios 2:12)
11. espíritus engañadores (1 Timoteo 4:1)
12. espíritu de celos (Números 5:14)
13. espíritu de mentira (2 Crónicas 18:21)
14. espíritu de los muertos (Deuteronomio 18:11)
15. espíritu del anticristo (1 Juan 4:3)
16. espíritu de cobardía (2 Timoteo 1:7)
17. espíritu de vértigo (Isaías 19:14)
18. espíritu atribulado (1 Samuel 1:15)
19. espíritu de sueño (Isaías 29:10)
20. espíritu de fornicaciones (Oseas 4:12)
21. otro espíritu (2 Corintios 11:4)

Satanás, su amo indisputado, ejercita un control absoluto sobre sus hordas invisibles. Sus nombres revelan sus características variables:

1. Lucero (Isaías 14:12)
2. príncipe de la potestad del aire (Efesios 2:2)
3. príncipe de los demonios (Mateo 12:24)
4. destructor (1 Corintios 10:10)
5. ángel de luz (2 Corintios 11:14)
6. serpiente antigua (Apocalipsis 20:2)
7. gran dragón (Apocalipsis 12:9)
8. diablo (Apocalipsis 12:9)

9. malo (Mateo 13:19)
10. padre de mentira (Juan 8:44)
11. homicida (Juan 8:44)

¿Es de extrañar que seamos continuamente afligidos, frustrados, oprimidos, perplejos, preocupados y atormentados por estos seres sin cuerpo? Ellos merodean alrededor de nosotros como mosquitos. Cuando somos llenos del Espíritu Santo y capacitados para derribar el reino del enemigo, nos convertimos en blanco especial de sus malas intenciones.

Opresión y depresión

La forma más común de ataque es la *opresión*. La opresión es una "presión" espiritual que conduce a la depresión. Los cristianos toleran este estado, y después puede desarrollarse algo peor. Por ejemplo, si entretenemos una idea que es contraria a la Palabra de Dios, nos *obsesionamos* con esa falsa idea o doctrina. Muchos falsos profetas hoy día están obsesionados con los demonios.

El objetivo de Satanás al afligir a las personas con opresión, depresión y obsesión es llevarles a un estado más peligroso: la posesión. Debemos distinguir entre posesión de parte del cuerpo, como en la epilepsia, y posesión del alma que conduce a la separación eterna de Dios. Incluso un cristiano puede terminar en este último tipo de posesión.

Muchos creyentes tercos han desobedecido a Dios por tantos años que han sucumbido ante los poderes demoniacos. En muchos casos, esos individuos atormentados necesitan ser liberados por sus pastores. Los miembros no espirituales que ceden a los demonios de Satanás causan más problemas en las iglesias locales de lo que estamos dispuestos a admitir. Tales personas probablemente están solo oprimidas, pero incluso la opresión es un estado peligroso en el que estar. Una división en una iglesia es siempre la obra de un demonio que sonríe.

Hace muchos años probé el siguiente enfoque con nuestros dos hijos mayores que estaban peleando. Reprendimos ese espíritu molesto y le ordenamos que dejara de molestarles. Los chicos fueron liberados instantáneamente y detuvieron su disputa.

Confesión antes de liberación

Ningún pecado se puede perdonar a menos que se confiese y sea cubierto con la sangre de Jesús. Las Escrituras dan esta firme amonestación a todos los que regresan a los placeres pasajeros del pecado:

> *Si después de recibir el conocimiento de la verdad pecamos obstinadamente, ya no hay sacrificio por los pecados. Sólo queda una terrible expectativa de juicio, el fuego ardiente que ha de devorar a los enemigos de Dios.*
> (Hebreos 10:26–27, NVI)

Nada alterará el juicio de Dios a menos que la desobediencia obstinada se confiese y se ponga bajo la sangre de Jesús.

Aprendí esta lección bien en Caxton Hall, Londres, Inglaterra, cuando una chica que no estaba en su sano juicio se acercó para que orásemos por ella. Cuando llegó su turno de ser ministrada, la amiga que la llevó explicó que la habían sacado de una institución de cuidados mentales para que pudiera acudir a esa reunión.

No pregunté qué tipo de enfermedad tenía, pero impuse mis manos sobre la cabeza de la mujer y comencé a reprender a los espíritus demoniacos. No ocurrió nada. Observé que su rostro tenía la clara mirada de alguien que está atormentado. El Espíritu de Dios me mostró que su problema estaba causado por una manía persecutoria. Esa mujer pensaba que todos estaban contra ella y que murmuraban de ella. Cuando le confronté con esta revelación, admitió que era cierto.

Entonces le expliqué que eso era un pecado que ella debía confesar a Dios antes de que pudiera esperar ser liberada. Pareció bastante sorprendida, pero accedió, y oró conmigo ante la congregación, pidiéndole a Dios que le perdonara por pensar de esa forma tan ridícula.

Al imponer mis manos sobre su cabeza y orar una segunda vez, el espíritu de enfermedad salió inmediatamente. Su rostro comenzó a irradiar una brillante sonrisa de comprensión y gozo. Le dije que se diera la vuelta y mirase a la congregación. Se produjo un tiempo de gran regocijo cuando comenzó a alabar al Señor por su poder sanador.

Aprendí un principio importante de este caso. Las personas que buscan ser liberada de ataduras deberían pedir perdón a Dios por sus pecados *antes* de orar por liberación. La confesión se debe hacer primero para salvación. Jesús no puede perdonarnos o liberarnos hasta que no digamos que lo sentimos. La tozudez y el orgullo han impedido que muchas personas reciban libertad total en Cristo.

Liberar las finanzas

¿Puede el enemigo afligir a los creyentes con pérdidas económicas o pobreza? Creemos que puede, pero el siguiente testimonio demuestra que Dios es mayor que Satanás en esta esfera también. Uno de los miembros de nuestra iglesia era dueña de una tienda, y encima de su empresa tenía un bonito apartamento que quería rentar. La propietaria estaba angustiada porque no lo rentaba. Como resultado de ello, había perdido más de mil dólares. El Señor nos mostró que Satanás estaba intentando frustrar, empobrecer y quedarse con dinero de esta buena mujer cristiana.

Visitamos el apartamento con la propietaria, y juntos acordamos que ese poder limitador y malvado tenía que irse. Invocamos la sangre de Jesús sobre cada habitación y armario, y ordenamos a ese espíritu maligno que se fuera. Después se declaró una palabra de profecía de que el apartamento se rentaría en una semana. Dos días después un cliente firmó el contrato.

La malvada presencia que había sido echada descendió entonces a la planta de abajo, y la empresa comenzó a ir mal sin razón alguna. Ajustar los precios no sirvió de nada, y problemas entre los trabajadores, disputas e incomodidad se sumaron a la lista de problemas. Se hizo una oración especial y persistente, y ese espíritu maligno finalmente se fue. Ahora tanto el apartamento como la empresa están prosperando.

Un demonio de distracción

Algunos de los demonios con los que me he encontrado son tan extraordinarios que dudo si relatar o no las historias. El "diablo de la música" es uno de ellos.

Durante una estancia con amigos en Dunedin, Florida, visité a la esposa de un miembro de la congregación de Hombres de Negocios del Evangelio Completo. Le pedí que me explicara su problema. A todo lugar donde ella iba, su cabeza estaba llena de música. De hecho, este fenómeno le distraía tanto que a duras penas podía concentrarse en lo que estaba haciendo. Francamente, su situación me resultó divertida. ¿Qué había de malo en tener una radio encendida en su interior todo el tiempo? Incluso le pregunté si era música clásica o rock and roll.

"No", dijo, "no es rock and roll; es buena música".

Eso me sorprendió. Si hubiera sido rock and roll, quizá yo habría dicho rápidamente que el diablo era el instigador de su problema; pero ¿buena música? ¿Qué podía decir yo?

Después me miró fijamente a los ojos y dijo: "Usted es un hombre de Dios. Dígame, ¿es un demonio?".

¡Estaba atrapado! Este es uno de esos casos en que uno se pone a orar rápidamente: "¡Señor, muéstrame! ¡Señor, ayúdame!". Y en el momento en que pregunté al Señor, la respuesta llegó alta y clara.

"Sí", me dijo el Espíritu Santo, "es un demonio".

Así que le dije a la señora que era un demonio, pero en ese momento no tenía ni idea de cuál era su nombre. Comenzamos a orar juntos, y el Señor me reveló que era un *demonio de distracción*. En el momento en que ordené al espíritu que saliera en el nombre de Jesús, salió tosiendo, una forma muy común de expulsión. En un minuto más o menos fue liberada de un espíritu musical de distracción y ha permanecido liberada desde aquel día.

Atar espíritus de homicidio

Me encontré con otra personalidad demoniaca en Dallas, Texas, en una reunión que había en una escuela bíblica. Cierta mujer se acercó pidiendo oración, y como siempre, le pregunté: "¿Qué quiere de Jesús?". Ella respondió que tenía miedo de destruirse a sí misma y a sus tres hijos. La intención de Satanás era acabar con toda la familia.

Entonces comencé a atar y ordenar a esos demonios de homicidio que se fueran. No me sorprendió cuando ella comenzó a gritar en voz alta, porque sabía que Jesús se había encontrado con este tipo de reacción demoniaca muchas veces (véase Lucas 4:33–34). No fue una experiencia agradable. Los demonios se manifestaron con un aluvión de ira y luego comenzaron a salir vomitando.

Esos demonios de homicidio de algún modo eran más fuertes que la mayoría de demonios con los que tratamos. Los demonios fuertes normalmente salen con vómitos, a menudo sacan moco con ellos y a veces incluso el veneno que les rodea. ¡Es toda una operación! La mano de Jesús, el Médico divino, llega hasta dentro de ellos y trae salvación y sanidad. He visto muchas operaciones caras que Jesús ha hecho gratuitamente, y los resultados a menudo se quedan en el piso o en cubos. Espantoso y horrible, pero cierto.

Esta liberación tardó aproximadamente media hora. Después comenzamos a orar por esa mujer para que fuera bautizada en el Espíritu Santo. Le enseñamos a invocar la sangre de Jesús en voz alta. Jesús le dio un nuevo lenguaje, y comenzó a hablar según el Espíritu le daba que hablase. El vaso que había estado lleno de homicidio ahora rebosaba amor. ¡Qué transformación!

El nombre de Jesús echa fuera cualquier espíritu repugnante, y la sangre aplicada de Jesús limpia el vaso. Esto allana el camino para que el Espíritu Santo entre y haga su obra.

Estas experiencias me enseñaron muchas lecciones. No debemos dejar de luchar. Nunca debemos dejar de pelear.

Muchas personas reciben oración por liberación pero dejan de resistir cuando no reciben un alivio instantáneo.

Los cristianos nunca deberían dejar de resistir al diablo ni siquiera un momento. Podemos echarle de nuestras vidas, nuestra casa, nuestras oficinas y nuestras fábricas. Somos hijos de Dios. Hemos recibido dominio sobre toda criatura, incluyendo los demonios. Tenemos dominio en el nombre del Señor.

5

Liberación duradera

Nuestra primera experiencia con la liberación ocurrió en nuestra iglesia en Toronto y sucedió con un hombre católico, convertido, elegante, que asistía regularmente. Había padecido asma crónico desde su nacimiento y también fumaba mucho. Aunque oramos por él y le ungimos con aceite, no mejoró. El asma sería acosándole, y no podía dejar de fumar.

Una mujer me sugirió algo que me pareció absurdo. "¿Y si es un demonio de tabaquismo?".

En ese entonces, nunca había escuchado de un demonio de tabaquismo. Muchos cristianos rehúsan oír de ellos incluso en la actualidad. Si me hubieran hablado de un demonio de asma, tampoco lo habría creído. Después de todo, ¿no era el asma una enfermedad nerviosa y fumar simplemente un mal hábito? ¿Demonio? ¿Diablo? ¿Espíritu maligno? ¿Cómo sería posible? El Espíritu de Dios me estaba guiando y enseñando muchas cosas que no podría haber aprendido nunca en el instituto bíblico.

Primero, oré con ese hombre para que recibiera todo de Dios, pero seguía atado. Había tenido asma desde niño y no había podido trabajar hasta los veintiséis años. Durante los siguientes catorce años se gastó el dinero que tanto le costaba ganar en facturas médicas, con la esperanza de encontrar un poco de alivio.

Oré con él, y fue maravillosamente bautizado en el Espíritu Santo con la evidencia de hablar en lenguas. A pesar de recibir esa bendición de Dios, aún seguía aquejado de asma y atado a la nicotina.

Muchos cristianos, a quienes les han enseñado que el Espíritu Santo no entrará en un vaso que no esté limpio, se negaban a creer su experiencia. Supimos que el Espíritu Santo es dado, como cualquier otro don de Dios, sobre la base de la gracia y la fe, no debido a nuestra dignidad o santidad.

"¡Sal fuera!"

Un día le dije a este hermano: "Pensamos que quizá esté afligido por un demonio de tabaquismo. ¿Cómo se siente con la idea de que le echemos fuera?".

No le sorprendió mi sugerencia de que necesitaba liberación. Debido a su trasfondo católico romano, había aprendido a aceptar como cierto lo que el sacerdote decía. ¡Supongo que eso es una gran lección para que la aprendan los protestantes rebeldes!

Antes de orar, le llevamos a la cocina de la iglesia en el sótano porque habíamos leído que los demonios a veces salen dando voces. En ese momento, mi esposa y yo no teníamos experiencia en estos asuntos, pero no obstante tomamos precauciones.

Mi esposa y yo nos sentamos, y nuestro amigo se sentó enfrente. Yo no sabía nada excepto lo que Jesús me había dicho, ¡y eso siempre es suficiente! Él había dicho: "*En mi nombre echarán fuera demonios*" (Marcos 16:17). También me acordé de la enseñanza que había recibido acerca de usar la sangre de Jesús en presencia del destructor.

Comenzamos a cantar algunos coros acerca de que la sangre nunca pierde su poder, ¡y después lanzamos un ataque! "En el nombre de Jesús, ¡sal fuera!". Al dar órdenes persistentes y presionar mucho en la batalla, el demonio de asma y el demonio de tabaquismo comenzaron a salir con tos y vómitos.

Después de una hora y veinte minutos, el piso estaba lleno de un montón de pañuelos empapados de esputo, ¡pero nuestro amigo fue gloriosamente sanado! Se puso de pie, inhaló profundamente y exclamó: "¡Gloria a Dios! ¡Estoy sano! ¡Puedo respirar bien por primera vez en mi vida!".

¿Que habíamos hecho? Como dijo el apóstol Pablo: "*Porque no tenemos lucha contra sangre y carne, sino contra principados, contra potestades, contra los gobernadores de las tinieblas de este siglo, contra huestes espirituales de maldad en las regiones celestes*" (Efesios 6:12).

Echamos fuera al espíritu de enfermedad que provocaba el asma de ese hombre. Aunque el asma afecta a la respiración y al sistema nervioso, supimos que un demonio podía causar esta dolencia.

Este hermano sigue sano hoy, y su corazón fue diagnosticado fuerte cinco años después de la sanidad. Ya no necesita fumar porque Jesús le liberó. Dios le usa con el don de lenguas, interpretación y profecía en la asamblea.

Un espíritu de suicidio

Dos días después, otro hombre nos llamó por teléfono. Este hermano cristiano, que había sido diácono en una iglesia, estaba luchando contra una fuerte urgencia de cometer suicidio. ¿Podría ser que un hombre bautizado en el Espíritu Santo, un diácono de una iglesia, pudiera estar poseído por un demonio?

¿Qué dirían nuestras escuelas bíblicas? ¿Qué diría el pastor de su iglesia? ¿Qué diría cualquiera? ¡Qué importa lo que digan! Rápidamente le dije al hombre afligido que probablemente los demonios eran la fuente de su tormento. Como estaba desesperado, me preguntó qué podía hacer para ser libre. Recordando la reciente sesión de liberación donde el asmático fue gloriosamente liberado, sentí que estaba listo para cualquier cosa.

"Hay una cosa que puede hacer", le dije. "Podemos echar fuera esos demonios de suicidio".

"¿Cuándo?", me preguntó.

"Esta noche", le respondí, ¡lleno de fe y del gozo del Señor! Estaba aprendiendo que yo estaba sentado en lugares celestiales con Cristo y que había recibido autoridad sobre las fuerzas demoniacas.

Mi esposa de nuevo bajó a la cocina del sótano con nosotros. Nos sentamos en un lado de la sala, y este hombre abatido se sentó en el otro lado con su esposa. La cocina se convirtió en un campo de conflicto espiritual.

Comenzamos cantando coros sobre la sangre de Jesús porque no queríamos que esos demonio nos atacaran. No hay nada como un fresco recordatorio del poder de la sangre de Jesús. Los demonios sabían que no tenían poder alguno sobre nosotros. Después les dimos la orden.

Para mi sorpresa, este hombre saltó de su silla como treinta centímetros. Volvió a caer con un golpe seco, y su cabeza comenzó a sacudirse hacia los lados como si fuera un juguete en la boca de un perro.

Reforzamos nuestras enérgicas órdenes en el nombre de Jesús y ordenamos a todo demonio inmundo de suicidio que saliera. Tras una hora, muchos espíritus inmundos habían salido con gritos, tos, vómitos y retorciéndose. Después comenzaron a hablar. Habíamos leído acerca de demonios que le hablaban a Jesús, pero no conocíamos a nadie que hubiera escuchado hablar a los demonios hoy día. Ahora pensamos diferente.

Les preguntamos a los espíritus cuantos más quedaban en nuestro hermano, y respondieron: "Veinte". Los contamos según salían, haciendo una pausa después de cada cinco, y volvíamos a preguntar. Sorprendentemente, nos decían la verdad, aunque se quejaban y a veces no querían responder; pero nuestras enérgicas órdenes en el nombre de Jesús les hacían decir la verdad.

"Quince". "Diez". "Cinco". El último demonio mantuvo una pelea de veinte minutos, pero el nombre de Jesús y una orden de autoridad le expulsó. Finalmente libre de la atadura demoniaca, este hermano echó hacia atrás su cabeza y habló en lenguas, magnificando a Dios.

Después hizo un pacto con Dios; dijo que si había sido verdaderamente liberado, le gustaría que Dios le diera el don de profecía. Y el domingo siguiente en la Santa Cena, este vaso limpio trajo una hermosa palabra profética que edificó a toda la iglesia.

No peques más

Tales liberaciones son espectaculares. Ver cómo los cautivos son liberados por el poder de Dios me emociona.

Manifestar la derrota de Satanás hace subir la fe a alturas increíbles, pero la liberación no es de ningún modo automática. Mantener su nueva libertad depende de caminar muy de cerca de Dios.

El apóstol Pablo escribió simplemente: "*Ocupaos en vuestra salvación con temor y temblor*" (Filipenses 2:12). El apóstol Santiago nos dice: *La fe sin obras está muerta*" (Santiago 2:26).

Algunas personas que han sido liberadas de una manera espectacular han regresado a sus viejos caminos. ¿Por qué vuelve a recaer el desalentado? Los demonios han regresado con venganza, y el resultado normalmente es peor que antes. Epilépticos han sido gloriosamente librados y liberados de sus ataques, pero como no caminaron más cerca del Señor que antes, los demonios regresaron.

Hemos ministrado liberación a personas nuevamente cuando los demonios obtienen acceso a sus vidas mediante pecado, rebelión o simplemente por descuidarse. Debemos entender que los demonios entraron en sus vidas solo por una debilidad previa. A menos que se cierre esa brecha después de la liberación, el mismo problema volverá a sucederle a la persona.

Jesús le advirtió a un paralítico que acababa de ser sanado: "*Mira, has sido sanado; no peques más, para que no te venga alguna cosa peor*" (Juan 5:14). Jesús indicó que su pecado previo le había causado la cojera. El remedio tras la liberación era que no pecara más. Cuando entendemos que la definición bíblica de pecado es "*infracción de la ley*" (1 Juan 3:4), recordamos que no podemos hacer más lo que nos plazca. El camino con Dios tras una liberación es muy estrecho.

Demasiados cristianos tienen solo una vaga idea de lo que significa seguir a Jesús. Para ellos, Él es un Amante sentimental con el que pueden ser todo lo perversos que quieran, y piensan que Jesús lo entenderá. Interpretan el hecho de estar bajo la gracia y no bajo la ley como una excusa para hacer lo que les agrada, y no se someten a la Escritura.

Estos cristianos descuidados y carnales tienen tendencia a enfermarse y estar enfermos. "*No peques más, para que no te venga alguna cosa peor*" tiene que ser el versículo de todas las iglesias que practican la liberación hoy día.

"¿Tengo alguna esperanza?"

Quizá el mejor versículo sobre este asunto detalla la historia del hombre cuya casa había sido desalojada, barrida y limpiada después de que el espíritu maligno se hubiera ido. No fue un demonio fácil de derrotar. Vagaba alrededor, esperando un momento conveniente para regresar. Finalmente, el hombre recayó, y el demonio regresó y trajo consigo a otros siete espíritus peores que él (véase Mateo 12:43–45).

Decir que este hombre no era salvo es usar mal el significado de las palabras. Obviamente, fue salvo, liberado y limpiado en la sangre; pero decidió recaer y por eso regresó a su hábito previo, y otros siete demonios llegaron para poseerle. La pavorosa posibilidad de volver a recaer fue muy real para mí hace unos cuantos años.

Sonó el teléfono. "¿Es usted, pastor Whyte?". El mismo hombre que había sido liberado de veinte demonios en la cocina de nuestra iglesia hacía siete años estaba al otro lado de la línea.

"Sí", contesté. "¿Cómo puedo ayudarle?".

"¿Está usted en el mismo lugar?".

"Sí".

"¿Sigue teniendo el mismo ministerio?".

"Sí".

Suspiró aliviado, diciendo que Dios le había dirigido a llamarme. Estaba atrapado en el pozo del pecado nuevamente. "¿Cree que tengo alguna esperanza?", suspiró. "Estoy en un lío terrible".

Le aseguré que sin duda había esperanza, porque la misericordia de Dios es nueva cada mañana. Así que vino a mi oficina.

Su historia era muy vergonzosa, pero un aviso para todos nosotros. Tras su espectacular liberación, salió de la zona donde vivía y se mudó a los suburbios. La nueva iglesia a la que asistía no creía en el evangelio completo y no enseñaba ni practicaba la sanidad o la liberación.

Un día lluvioso, mientras conducía su automóvil por el centro de la ciudad para dirigirse a su empresa en Toronto, observó a un hombre en una parada de autobús. Con compasión, invitó a ese hombre a subir a su auto. Ese hombre mundano le ofreció a nuestro amigo un cigarrillo. Su oferta era una maravillosa oportunidad para que nuestro amigo testificara acerca de la salvación y liberación que hay disponible en Cristo. Pero no fue así. En cambio, aceptó el cigarrillo, lo cual se convirtió en el primer paso hacia el infierno en la tierra.

Cada día recogía a ese hombre, y cada día fumaban. Pronto comenzaron a hablar acerca de beber juntos. Su pecado creció desde la taberna hasta la pista de carreras donde apostaban a los caballos. Finalmente, ese nuevo amigo le dijo a nuestro hermano: "Te amo".

A medida que escuchaba la historia de este hombre, a duras penas podía creerla. Él tenía una hermosa esposa, cuatro hijos maravillosos y una buena casa. A menudo les había visitado. ¿Qué poder llevó a un buen cristiano a convertirse en homosexual, dejar a su esposa y a su familia y vivir en una habitación con otro hombre? La psicología no puede explicar esto. Fue el diablo actuando mediante demonios.

Mucho peor que antes

La teología explica que ningún cristiano puede tener un demonio. Pero me acordé de cómo Dios había liberado a este querido hermano de un demonio de suicidio siete años antes. Para empezar, ¿cómo podía este hombre lleno del Espíritu haber adquirido un demonio de suicidio? ¿Y qué acerca de los demonios que había ahora en él?

Yo sabía que había solo una respuesta. Había llegado a ese estado miserable al desobedecer las palabras de la Escritura, "*ni deis lugar al diablo*" (Efesios 4:27). Él había permitido que el diablo ocupara territorio que previamente había ocupado el Espíritu Santo.

El hombre, quebrantado, se sentó de golpe en una silla después de su agónica confesión. Había tocado el fondo del barril del pecado pero estaba listo para volver a ser rescatado.

Sin más demora, dimos la orden. "¡Sal fuera, en el nombre de Jesús!". El hombre estaba listo. Los sucios demonios comenzaron a brotar de él con casi una tos y ahogo continuos. Sin que yo preguntase nada, ellos mismos se fueron nombrando a medida que salían. Lujuria, suciedad, impureza, perversión, maldición, etc. En veinte minutos estaba totalmente libre otra vez.

Cuando todo terminó, me di cuenta de que había visto el cumplimiento de las palabras de Jesús:

> *Cuando el espíritu inmundo sale del hombre, anda por lugares secos, buscando reposo, y no lo halla. Entonces dice: Volveré a mi casa de donde salí; y cuando llega, la halla desocupada, barrida y adornada. Entonces va, y toma consigo otros siete espíritus peores que él, y entrados, moran allí; y el postrer estado de aquel hombre viene a ser peor que el primero.* (Mateo 12:43–45)

Esto explicaba lo que le había ocurrido al hombre. Después de su primera liberación, su "casa" había quedado limpia, barrida y en orden, pero él no la había mantenido llena con el nuevo Visitante: el Espíritu Santo. Su casa se había quedado vacía, así que el espíritu de suicidio regresó, pero también llevó consigo a siete sucios amigos suyos, y ellos también entraron. ¡En qué lío se puede meter un cristiano por volver al mundo! Pero gracias a Dios, la liberación está disponible para todo aquel que doble la rodilla ante Jesús y le pida perdón por sus pecados y que Él entre en su vida.

Siete años después, volví a encontrarme con este mismo hermano en una iglesia. Inmediatamente le pregunté cómo le iba. Gozosamente me dijo que después de su segunda liberación, regresó a su casa y le confesó todo a su esposa y a su familia. Ellos le perdonaron y le aceptaron de nuevo. Dios entonces comenzó a prosperar su empresa, y se había comprado una casa mejor. Ahora estaba manteniendo limpia su casa con la sangre de Jesús, y el demonio se había ido permanentemente.

Cómo permanecer liberado

Dios está devolviendo su poder a la iglesia para echar fuera demonios, pero la persona que sufre, ya sea cristiana o incrédula, *debe estar dispuesta a ser liberada.*

Aunque los pervertidos morales, alcohólicos y drogadictos dicen que quieren liberación, en su corazón quizá quieran solo un alivio temporal y no una verdadera liberación para servir al Dios vivo. Están avergonzados, pero no arrepentidos. Permítame advertirle que ellos *no pueden* ser liberados aunque pasemos horas con ellos. Será necesario mucho indagar mediante preguntas y el discernimiento de espíritus.

La cooperación voluntaria de quien sufre es de mucha importancia para lograr una liberación duradera. Esto es así especialmente con drogadictos y alcohólicos. Si no continúan con Dios después de que los demonios hayan sido expulsados, los demonios regresarán rápidamente (véase Mateo 12:43–45).

Este ministerio no se basa en el sentimentalismo. Quizá nos sintamos compasivos con las personas, pero a menos que ellas estén dispuestas, no podremos ayudarles. Aunque expulsásemos de ellos a los demonios (lo cual es posible), esas entidades malignas volverían a entrar en cuanto nos diéramos la vuelta.

Las personas deben estar dispuestas a ser liberadas y permanecer liberadas. El agujero en el vallado que le dio acceso a Satanás debe cerrarse después de haber sido expulsado. Debemos negarnos a sucumbir a las tácticas de temor del enemigo. Después de la liberación debemos vivir en una comunión cercana con Dios. Solo entonces podemos garantizar que la liberación durará.

6

LIBERAR A LAS PERSONAS

Cuando comenzó este ministerio, yo pasaba frecuentemente de una hora y media a dos horas en oración por los oprimidos. Se volvió algo muy agotador y demandante de mi tiempo y mis fuerzas. Con los años comencé a ver que la liberación podía y debía acelerarse. La liberación rápida y eficaz dependía de dos factores:

1. Nuestro entendimiento de nuestra poderosa autoridad en Cristo
2. La colaboración voluntaria de la persona que necesita la liberación

En oración comenzamos a decirle a Satanás que no iba a demorarse. Cuando le ordenábamos que saliera *de inmediato,* obedecía. Liberaciones que antes nos llevaban una hora, ahora las hacíamos en minutos. Comenzamos a orar por muchos individuos afligidos, y en minutos los espíritus malignos salían con tos, ahogos y gritos. Muchas personas se caían al piso y luego se ponían de pie y alababan a Dios, *¡libres!*

Rehusé seguir hablando a los demonios, ni tampoco les alentaba a ellos a que hablasen o confesasen sus nombres o su presencia. El Espíritu Santo me mostraba todo lo que yo necesitaba saber. Jesús ordenaba a los demonios que se callaran y salieran. Ese parecía ser el patrón bíblico. Nosotros hicimos lo mismo, y obedecían. Aprendimos que si no estábamos seguros, Satanás y sus demonios se aprovechaban de nosotros, y montaban un espectáculo al no querer salir o al salir muy lentamente mientras nosotros luchábamos.

Cada semana en nuestra iglesia en Scarborough, un suburbio de Toronto, Ontario, muchos llegaban pidiendo alivio y la llenura del Espíritu. Personas que sufrían de artritis, problemas de corazón, problemas en los pulmones y problemas de garganta, buscaban y encontraban sanidad con liberación. Quienes estaban atados por celos, ira, rencor, autocompasión, homicidio, suicidio, fumar, beber, sexo ilícito y drogas eran liberados gloriosamente.

Personas con tales problemas acudían en un fluir continuo a nosotros, y Dios, mediante nuestras oraciones, producía una liberación permanente en la mayoría de ellas. Inmediatamente después de su liberación, les preguntábamos si les gustaría que el Espíritu Santo llenara todas las áreas previamente ocupadas por espíritus inmundos. La mayoría de ellos accedían, ya fuera que entendieran mucho o no, porque estaban hambrientos. En muchos casos, quienes no tenían enseñanza previa sobre el bautismo del Espíritu Santo comenzaban a hablar en lenguas para su propio asombro. ¡Qué cambio en sus rostros!

Miles de personas afligidas y atormentadas necesitan este ministerio actualmente en nuestras iglesias. Discutir si esas personas afligidas son realmente "salvas" o no es irrelevante.

Necesitan ayuda en cualquier condición espiritual en que se encuentren. Dios libera hoy día como lo hacía en tiempos de Jesús. El ministerio de liberación está supliendo las necesidades espirituales profundas de personas como nunca antes.

Demonios derrotados

El apóstol Santiago nos dice que *"también los demonios creen y tiemblan"* (Santiago 2:19). Los cristianos necesitan entender su tremenda autoridad sobre los demonios en el nombre de Jesús. Deberíamos tratar con ellos como enemigos derrotados.

Una experiencia poco común me ayudó a darme cuenta de esta verdad. Un día estaba hablando con otro ministro en nuestro santuario. Un hombre borracho entró dando tumbos inesperadamente en la iglesia y comenzó a insultarnos. Al entender que estaba cara a cara con un demonio, le reprendí en el nombre de Jesús y le ordené que se sometiera a mí. Los resultados fueron extraordinarios.

El hombre saltaba arriba y abajo y maldecía el nombre de Jesús. Se quitó la chaqueta y la tiró al aire. Luego se rasgó la camisa y también la tiró. Metió sus manos en los bolsillos, sacó todo su dinero, y tiró las monedas por el santuario. Durante su numerito yo seguí atando y reprendiendo a Satanás.

Después, el borracho se quedó mirando fijamente al otro ministro y a mí y se puso muy beligerante, argumentando que él sabía más de religión que nosotros. Seguí reprendiendo y atando a los demonios. Finalmente, se cayó al piso y comenzó a girar como una peonza.

De repente, el hombre dejó de dar vueltas, se levantó, caminó hasta su camisa, se la puso y comenzó a recoger su dinero del piso. Le ayudé a recuperar todo lo que pude. Después, tras haberle ayudado con su chaqueta, salió andando despacio de la iglesia de forma muy pacífica.

Este suceso demostró drásticamente el poder que tenemos sobre los demonios. Yo sabía que nunca más tendría que tener miedo a nada ni a nadie. Jesús nos ha dado protección práctica contra los poderes de las tinieblas que continuamente vienen contra nosotros.

Poder sobre la demencia

Fui testigo de otra demostración de este poder sobre los demonios al tratar con un espíritu de demencia. Mary había estado oprimida por fuerzas demoniacas y encerrada en un hospital mental en Ontario. Sin embargo, en partes de cada mes volvía a estar cuerda. Pero cuando se acercaba su ciclo menstrual, se volvía violentamente loca.

La madre de Mary, que era una científica cristiana, sacaba a su hija del hospital durante unos días cada mes, pero le avisaron de que la volviera a llevar al hospital bastante antes de su próxima crisis.

Cuando la madre oyó hablar de nuestro ministerio de echar fuera demonios, se acercó a mí para ver si podía ayudarle. Como científica cristiana, no sabía absolutamente nada acerca del ministerio de liberación. La iglesia de esta mujer enseñaba que su hija no estaba realmente enferma, que "todo estaba en su mente".

La madre de Mary se las arregló para llevarla a la oficina de la iglesia. Sin embargo, aparentemente había esperado demasiado, porque de camino a la iglesia la madre se dio cuenta de que estaba en una situación muy peligrosa. ¡Mary estaba perdiendo la cabeza!

Tan pronto como Mary salió del automóvil, comenzó a gritar: "¡No quiero entrar ahí!". Su madre intentó calmarla, pero Mary estaba furiosa. Se dio la vuelta y corrió hacia el tráfico. Naturalmente, su madre estaba muy preocupada, pero le aseguré que podíamos ejercer dominio sobre ese demonio y ordenar a Mary que regresara. No llamamos a la policía, sino a Jesús. Y efectivamente, Mary regresó a los diez minutos, pero aún rehusaba entrar en la iglesia.

"Mary", le dije con voz firme, "te ordeno en el nombre de Jesús que entres", e inmediatamente obedeció.

Una vez dentro, le ordené que entrara en la oficina. Luego le ordené que se sentara. Ella era muy obediente a cada orden. Yo estaba aprendiendo de forma práctica que sin duda alguna tenemos poder sobre el enemigo.

Su madre me explicó que Mary a menudo se volvía muy violenta, y podría intentar atravesar con sus manos las ventanas de cristal. Al haberme avisado de eso, comencé a ordenar a esos demonios de demencia que salieran de ella. Comenzamos una larga batalla, probablemente porque su madre estaba presente y no estaba ejercitando fe verdadera.

Casi después de una hora, Mary dio unos gritos terribles cuando algunos demonios salían. Sin embargo, en ese instante, otros demonios se agitaron mucho. Mary se puso de pie, intentando atravesar la ventana con sus manos. Recordé que un golpe en la parte alta del estómago deja a una persona sin aire por unos momentos. Para evitar su conducta autodestructiva, le di un golpe seco en esa zona, e inmediatamente se volvió a sentar en la silla y comenzó a gritar. Ni recomiendo este tratamiento ni justifico mis acciones, pero en este caso funcionó.

De algún modo, Mary se calmó, pero obviamente estaba fuera de sí y seguía muy agitada. Eran ya las dos de la mañana del domingo, y decidimos volver a llevarla al hospital mental.

"Él nunca llegará", gruñó ella. "Apagaré mi cigarrillo en su cuello mientras esté conduciendo".

Como al comienzo, de nuevo reprendí a los espíritus y les ordené que se callaran. Enseguida, Mary se quedó dormida junto a su madre en el asiento trasero. Mi esposa venía conmigo en el asiento de delante y oraba continuamente. Poco después, la llevamos sin ningún problema al hospital.

Al día siguiente, Mary mostró el peor ataque de demencia agresiva que jamás había tenido. Por su propia seguridad, y para proteger a otros, le pusieron en una sala especial acolchada. Sin embargo, algo interesante fue que Mary nunca volvió a sufrir otro ataque después de ese. Los demonios habían cedido a nuestra autoridad. La última vez que vimos a Mary unos años después, era consejera en una cruzada de Billy Graham.

Autoridad delegada

No me sorprendió que los demonios obedecieran nuestras órdenes. Cuando Jesús envió a sus doce discípulos, les ordenó: "*Sanad enfermos, limpiad leprosos, resucitad muertos, echad fuera demonios*" (Mateo 10:8). Después Jesús también envió a otros setenta de dos en dos a cada ciudad y lugar donde Él pretendía ir (véase Lucas 10:1).

Cuando regresaron de su primer viaje misionero, los discípulos exclamaron gozosos: "*Señor, aun los demonios se nos sujetan **en tu nombre***" (Lucas 10:1). Tras oír este buen informe, Jesús dio una maravillosa promesa a sus discípulos. De hecho, esta promesa fortalecerá a cualquier creyente que se involucre en la guerra espiritual contra el enemigo:

> *He aquí os doy potestad de hollar serpientes y escorpiones, y sobre toda fuerza del enemigo, y nada os dañará. Pero no os regocijéis de que los espíritus se os sujetan, sino regocijaos de que vuestros nombres están escritos en los cielos.* (Lucas 10:19–20)

La Palabra de Dios nos asegura que podemos echar fuera demonios en su nombre, y que no nos dañarán, porque Él nos ha dado todo *poder* o *autoridad* sobre todo poder del diablo.

Casos de anemia, asma, presión arterial alta, colitis y problemas de corazón han sido sanados ordenando a los espíritus de enfermedad que salgan del cuerpo, lo cual hacen con manifestaciones obvias. Algunos incluso ven "sombras oscuras" que salen de ellos y sienten una tremenda sensación de alivio.

Volteretas laterales en la iglesia

Un día, una señora nos visitó en nuestra iglesia en Toronto. Había escuchado nuestro programa de radio y estaba fascinada por el poder sanador de Dios entre nosotros. Sufría de una degeneración de columna, lo cual con el tiempo le llevaría a estar en una silla de ruedas.

Como esa señora era una gran nadadora e instructora de natación, estaba muy preocupada por el resultado de su vida. Ejercí dominio sobre el espíritu de enfermedad destructivo que estaba actuando en su columna, e inmediatamente recibió sanidad.

Como es lógico, ese milagro de sanidad cambió por completo su entendimiento del cristianismo del Nuevo Testamento.

Esa señora quería compartir su nueva fe con su hija, que se había dañado seriamente el tobillo haciendo gimnasia en la escuela. La niña había estado tomando cortisona durante meses para calmar el dolor, pero su tobillo no había mejorado.

Un día, Gail llegó a la iglesia, cojeando y con un bastón. Al final del servicio cuando todos se habían ido, ella se quedó detrás con su madre y tímidamente me pidió oración. Naturalmente, yo accedí pero me sorprendí mucho cuando ella preguntó: "¿Puedo hacer una lateral después de la oración?".

"¿Volteretas laterales en la iglesia?", pregunté, riéndome. "Por qué no, si Jesús está en medio".

Impusimos manos sobre Gail y oramos en fe. Después, así sin más, hizo una voltereta lateral con sus manos y sus pies *en la iglesia,* demostrando que Jesús le había sanado. Esa experiencia cambió por completo toda su vida, y ella y su madre pronto recibieron el bautismo del Espíritu Santo. Más adelante fue liberada de otros problemas emocionales, y finalmente se casó con mi hijo Stephen. Gail se graduó de la universidad de Toronto, en educación física.

¡Qué historia! Desde mi programa de radio a una esposa para mi hijo. Nunca se sabe lo que tiene el Señor reservado para los que le aman.

Confesión, liberación y sanidad

Otro ejemplo de este poder sobre los demonios está relacionado con la suegra de mi hijo mayor. David se casó con una chica cristiana de Irlanda del Norte. Desgraciadamente, la madre de Genevieve sufría de bursitis y artritis severa en su brazo derecho. De hecho, no había podido levantar su brazo desde hacía tres años. Ella no sabía nada acerca de la liberación divina, pero Genevieve me pidió que la visitara y orase por la debilitante enfermedad de su madre.

Descubrí que esta mujer irlandesa no podía levantar mucho sus brazos. Incluso sus manos estaban agarrotadas y con mucho dolor. Podía hacerlo pero con mucha dificultad. Obviamente, estaba destinada finalmente a estar confinada a una silla de ruedas si Dios no intervenía.

Le expliqué que mi oración sería diferente a las que había conocido previamente. No le iba a pedir a Jesús que le sanara, sino que oraría como Él les dijo a sus discípulos que orasen. También le expliqué que, en ciertas enfermedades, a menudo es necesario el autoexamen para ver si existe crítica, queja o autocompasión que esté obstaculizando la sanidad. Si esos pecados se han arraigado en el corazón de una persona aquejada, se deben confesar y abandonar. Así que lo hizo.

Después se sentó, y comencé a reprender a los espíritus que le ataban en el nombre de Jesús. A medida que seguía tomando autoridad sobre la situación, ella se empezó a poner muy nerviosa y exclamó: "¡Nunca había oído a nadie orar así!".

Seguí orando de ese modo durante diez minutos. Al sentir que había comenzado una obra de sanidad, le dije que levantara su brazo por encima de su cabeza. Le dolía mucho al hacerlo, así que le ayudé con suavidad, y juntos levantamos el brazo. El esfuerzo la dejó llorando de dolor, y sudando mucho. A pesar del difícil comienzo, cuando me fui de su casa ella podía levantar su brazo por encima de la cabeza. Ya no tenía dolor en sus manos, y podía moverse con libertad.

¿Qué había ocurrido? Yo había echado fuera a un espíritu de atadura que estaba atando sus articulaciones. Esto ocurre en cientos de casos de artritis. Ahora esta señora testifica a todos del poder de Dios y demuestra su sanidad. ¡Oh, la gloriosa libertad de los hijos de Dios! (Véase Romanos 8:21).

Patrones del Nuevo Testamento

El ministerio de liberación era bastante obvio en la iglesia primitiva después de Pentecostés. Felipe, el evangelista, hacía milagros.

> *Y la gente, unánime, escuchaba atentamente las cosas que decía Felipe, oyendo y viendo las señales que hacía. Porque de muchos que tenían espíritus inmundos, salían éstos dando grandes voces; y muchos paralíticos y cojos eran sanados.* (Hechos 8:6–7)

¿Había solo una manera de lograr liberación en la vida de una persona afligida? ¡No! Dios se movía a través del apóstol Pablo de formas que anteriormente no se habían escuchado:

> *Y hacía Dios milagros extraordinarios por mano de Pablo, de tal manera que aun se llevaban a los enfermos los paños o delantales de su cuerpo, y las enfermedades se iban de ellos, y los espíritus malos salían.*
> (Hechos 19:11–12)

Hay otros ejemplos bíblicos, pero queremos enfocarnos en *la actualidad*. El ministerio de echar fuera demonios es una gloriosa realidad *hoy día*. Hemos sido testigos de muchas liberaciones maravillosas. Personas han sido liberadas de demonios de suicidio, demonios epilépticos, demonios de artritis, demonios de cáncer, demonios de demencia, demonios de asma, demonios inmundos, demonios de sexo, demonios religiosos e incluso espíritus de temor y celos.

Estos han salido frecuentemente con altos gritos, a veces acompañados de vómitos, esputos, toses y retorcimientos. Los demonios han protestado y rehusado salir, pero al final han obedecido a la autoridad que Dios da a su pueblo. Es imposible clasificar todos estos casos, pero todos salen cuando se les ordena en fe *en el nombre del Señor Jesús.*

La liberación es siempre segura, aunque se puede demorar y tomar un periodo de tiempo. De hecho, quizá tenga usted que involucrarse en más de un periodo de batalla espiritual antes de obtener la liberación total para la persona. Pero la victoria está asegurada.

Libre de la lujuria

Se produjo una hermosa liberación cuando mi buen amigo el Dr. Russell Meade, del instituto bíblico Chicago Bible College, llevó a un joven colega graduado para orar por él.

Este joven tenía una gran necesidad. Sin entrar en detalles desagradables, es suficiente con decir que estaba atado por un espíritu de lujuria. Naturalmente, le pregunté si estaba casado, y me dijo que sí. Sin duda, era algo muy desagradable para su esposa tener un marido atado por un espíritu de lujuria, así que no hice más preguntas. Le ordené al espíritu de lujuria que saliera en el nombre de Jesús. Inmediatamente, vimos la típica salida con ahogo por la garganta. Después de diez minutos se terminó la liberación, y por su rostro supe que había sido liberado.

Algunos meses después nos reunimos con el Dr. Meade en Chicago, y me habló de este joven. Al parecer, su esposa se había acercado al Dr. Meade preguntándole: "¿Dónde llevó a mi esposo?".

"A Toronto", respondió él, "a la iglesia del hermano Whyte".

"Bueno, ¿y qué le hicieron?", indagó ella.

"Oramos por él", respondió él.

"Bueno", dijo ella, "no sé lo que hicieron, pero me gustaría que supiera que tengo un esposo totalmente cambiado". Su esposa sabrá, ¿no creen?

Miles de personas están atadas por un espíritu de lujuria. Este demonio atormentador adopta muchas formas bestiales y pone grilletes de miseria a muchos. Pero este es el día de la visitación del amor de Dios. Usted *puede* ser liberado.

¿Cómo está usted?

Si cree que el Señor Jesucristo fue ungido para proclamar *"a los presos apertura de la cárcel"* (Isaías 61:1), le animamos a aferrarse a la promesa de Jesús: *"En mi nombre echarán fuera demonios"* (Marcos 16:17). Haga a un lado la timidez y la incertidumbre, sabiendo que *"nada os dañará"* (Lucas 10:19).

Debemos recordar que para el ministerio de liberación se necesita fe. Algunos judíos no creyentes que se pusieron a experimentar, obtuvieron unos resultados desastrosos cuando intentaron echar fuera demonios usando el nombre de Jesús sin fe (véase Hechos 19:13–16).

Antes de comenzar este ministerio, cúbrase mediante la fe en la preciosa sangre de Jesús y manténgase bajo su sombra. Entre en la batalla con toda la armadura de Dios. No tiene que gritarles a los demonios; ellos oyen bastante bien y le obedecerán. Su fe aumentará como nunca antes cuando vea las maravillosas liberaciones que pueden producirse hoy en el poderoso nombre de Jesús.

SEGUNDA PARTE:

PREGUNTAS Y RESPUESTAS

7

Demonios y liberación

1. ¿Qué es un demonio?

La palabra *demonio* procede del griego *daimon,* que significa "un espíritu maligno". *Daimon,* a su vez, procede de una raíz que significa "una sombra". Satanás, el comandante supremo de todos los demonios, envía a estos espíritus malignos sobre las personas para llevar sombras, tinieblas, sobre el espíritu del hombre.

A todo aquel que no crea en los espíritus, ciertamente le costará creer en Dios. Comenzando desde Génesis, las Escrituras nos enseñan que los espíritus personales existen. Primero, el Espíritu de Dios mismo *"se movía sobre la faz de las aguas"* (Génesis 1:2). El mismo Espíritu fue soplado en el cuerpo sin vida de Adán, y *"fue el hombre un ser viviente"* (Génesis 2:7).

Muchas otras referencias al Espíritu (o aliento) de Dios se refieren a un Ser *personal.* Si el Espíritu de Dios es un Ser personal, igualmente lo son todos los otros espíritus.

Ángeles caídos

Los demonios son en realidad ángeles caídos. Una tercera parte de todos los ángeles fueron expulsados del cielo por la rebeldía original de Satanás contra Jesucristo. Examinemos la base bíblica de su origen.

> *También apareció otra señal en el cielo: he aquí un gran dragón escarlata… y su cola arrastraba la tercera parte de las estrellas* [ángeles] *del cielo, y las arrojó sobre la tierra.* (Apocalipsis 12:3–4)

> *Después hubo una gran batalla en el cielo: Miguel y sus ángeles luchaban contra el dragón; y luchaban el dragón y sus ángeles; pero no prevalecieron, ni se halló ya lugar para ellos en el cielo. Y fue lanzado fuera el gran dragón, la serpiente antigua, que se llama diablo y Satanás, el cual engaña al mundo entero; fue arrojado a la tierra, y sus ángeles fueron arrojados con él.* (Apocalipsis 12:7–9)

Los ángeles rebeldes fueron arrojados a la tierra como espíritus sin cuerpo, y siguen aquí, ¡lo creamos o no!

Ciertos teólogos liberales han rechazado la realidad de los demonios mediante la "teoría de la acomodación". Como las personas comunes creían supersticiosamente que los demonios provocaban enfermedades, Jesús se "acomodó" a sus supersticiones. Al no querer decepcionarles en su simplicidad, Él "les siguió la corriente", ¡y echaba demonios que realmente no existían! Cualquiera que crea que la Biblia es la Palabra de Dios no puede aceptar esta teoría.

Los teólogos evangélicos generalmente aceptan las declaraciones bíblicas acerca de Satanás, aunque algunos de ellos no entienden que Satanás *mantiene* su maldición sobre la humanidad mediante sus hordas de demonios. Esto es necesario para Satanás porque él no es omnipresente, como lo es el Espíritu de Dios. Pero Satanás no tiene escasez de ayudantes. El número de espíritus malvados caídos que merodean por la tierra no se puede contar. Revolotean como moscas; de hecho, el nombre Belcebú, que a menudo se le aplica a Satanás, significa "señor de las moscas".

Para hacerlo simple, digamos que las bendiciones vienen de Dios mediante su Espíritu Santo, y la maldiciones vienen de Satanás por sus espíritus inmundos. No reconocer que los demonios existen es no reconocer la razón fundamental de los sufrimientos de la humanidad.

2. ¿Cómo se sitúa una persona bajo la influencia de los demonios en un principio?

La influencia demoniaca ocurre de muchas formas. En algunos casos, las personas han nacido con demonios. Pasaron años hasta que acontecimientos y el Espíritu Santo me convencieron de que un niño podía nacer con un espíritu maligno en él. Inicialmente, ese pensamiento parecía absurdo y repugnante.

Pero el testimonio de las Escrituras era tan fuerte de que el Señor es un Dios celoso, *"que visito la maldad de los padres sobre los hijos hasta la tercera y cuarta generación"* (Éxodo 20:5), que comencé a estudiar el asunto con más detenimiento.

Descubrí que había muchos bebés que se irritaban extremadamente y frecuentemente agotaban a sus madres. Solo cuando oramos por ellos, fueron liberados. Los bebés y los niños pequeños rara vez tienen reacciones notables durante la liberación. El demonio probablemente no ha profundizado en la personalidad del niño y, por tanto, cede fácilmente a la orden de autoridad en el nombre del Señor.

Los demonios también pueden entrar en niños pequeños. Muchos adultos han dado testimonio de una experiencia terriblemente aterradora cuando, de niños, dieron la oportunidad al espíritu maligno de entrar. Al haber entrado, el espíritu no se irá rápidamente, en especial cuando la persona espera cincuenta años hasta buscar liberación.

Durante ese periodo de tiempo, el espíritu profundiza cada vez más tenazmente e incluso puede producir otros síntomas como temor, dolores, artritis y trastornos estomacales. Para evitar tales ataques demoniacos en la infancia, los padres cristianos deberían pedir la protección de Dios para sus hijos cada noche y pedir la cobertura de la sangre de Jesús.

Apertura a la opresión

Obviamente, si una persona da lugar al diablo, al beber alcohol en exceso o consumir drogas ilícitas, se puede abrir una puerta para que un espíritu malvado entre.

Cualquier incursión en lo oculto, cualquier experimento "de juego" con la guija, las cartas, la adivinación, la lectura de los horóscopos, o prácticas más obviamente pecaminosas de yoga, hipnotismo o sesiones de espiritismo, casi con toda seguridad exponen a la persona a la opresión demoniaca. La opresión, a su vez, lleva a la obsesión, y puede finalmente conducir a la posesión total y la muerte. Quienes buscan liberación debieran destruir todos los ídolos y literatura de ocultismo que haya en sus hogares.

La ciudad de Éfeso estaba llena de muchos adoradores de ídolos que se convirtieron mediante la predicación del apóstol

Pablo y los milagros especiales que Dios hizo a través de él. ¿Cómo abandonaron esos nuevos creyentes su antigua forma de vivir?

> *Y muchos de los que habían creído venían, confesando y dando cuenta de sus hechos. Asimismo muchos de los que habían practicado la magia trajeron los libros y los quemaron delante de todos.* (Hechos 19:18–19)

Evitar apartarse

Algunos cristianos se abren a sí mismos al ataque demoniaco al apartarse. Si un cristiano se aparta o se enfría en su fidelidad a Cristo, Satanás primero le tienta para que no haga lo correcto. Si peca, se abre a que un espíritu entre y tome el control. El espíritu no llega inmediatamente porque Dios es muy misericordioso; pero si el pecado se permite continuamente y no se abandona después de haber profesado una conversión, entonces tal persona queda abierta del todo a la opresión demoniaca en sus varias formas.

Un típico ejemplo que tuve hace muchos años fue el de un hombre que fue liberado de demonios de suicidio, los cuales hicieron un gran ruido al salir. Este hombre después se apartó y se hizo homosexual. Regresó al Señor, llorando y confesando su pecado, pero para entonces otros siete demonios habían entrado en él (véase Mateo 12:45).

De nuevo, quedó completamente liberado. Los espíritus se nombraban sin que yo les pidiera que lo hicieran. Realmente fue una entrega de información por su parte. Después, este hermano me dijo que no tenía poder para evitar que las voces de esos espíritus hablaran a través de él; pero esa vez fue liberado permanentemente. Esto debería ser una gran lección para que todos los cristianos evitemos apartarnos.

3. ¿Cómo puedo saber si tengo un demonio?

Cualquier persona que sea periódicamente atacada por una convulsión a actuar de una forma contraria a su naturaleza básica y ajena su propia personalidad debería sospechar de actividad demoniaca.

Mientras que Dios visita a la humanidad mediante su Espíritu, Satanás visita a la humanidad enviando sus demonios. El resultado de tal visitación demoniaca es casi increíble. El objeto de ataque demuestra una conducta que "no puede ser suya". No lo es. De hecho, la personalidad del espíritu demoniaco se manifiesta a través de él o ella.

Tal persona puede que a veces sea ella misma, pero tarde o temprano cambia a una conducta extraña que es totalmente impropia de él o ella. Otro nombre para este problema es "personalidad dividida", o *esquizofrenia*. Ver que la esquizofrenia podría estar causada por la interferencia demoniaca fue una revelación muy grande para mí.

Los espíritus de enfermedad pueden causar debilidad o enfermedad en el cuerpo humano. Los espíritus de lujuria incitan a las personas a cometer adulterio, homosexualidad o desviaciones similares.

Conducta compulsiva

Sea cual sea la manifestación, saber que realmente podemos agradar a los espíritus demoniacos permitiéndoles usar nuestros cuerpos para sus propios propósitos debería causarnos un gran horror. ¿Qué dice la Escritura acerca de nuestra responsabilidad de consagrar nuestros cuerpos al Señor?

> *¿O ignoráis que vuestro cuerpo es templo del Espíritu Santo, el cual está en vosotros, el cual tenéis de Dios, y que no sois vuestros? Porque habéis sido comprados por precio; glorificad, pues, a Dios en vuestro cuerpo y en vuestro espíritu, los cuales son de Dios.*
>
> (1 Corintios 6:19–20)

> *Pues la voluntad de Dios es vuestra santificación; que os apartéis de fornicación; que cada uno de vosotros sepa tener su propia esposa en santidad y honor.*
>
> (1 Tesalonicenses 4:3–4)

Si somos aquejados de una conducta compulsiva o de opresión demoniaca, deberíamos confesar nuestros pecados y someternos a liberación. Jesús vino a romper las ataduras de Satanás y a proclamar libertad a los cautivos. En la autoridad de su nombre, podemos experimentar poder sobre la opresión.

4. ¿Qué es liberación?

Liberación es la práctica de echar fuera demonios mediante una orden de autoridad en el nombre de Jesús. Si usted tiene un demonio o sospecha que lo tiene, le recomiendo encarecidamente que se someta al ministerio de liberación. Pida a un hombre o mujer de Dios que eche fuera el demonio en el nombre de Jesucristo, después de que usted haya profesado que Jesucristo es su Salvador y que quiere deshacerse de ese espíritu maligno en particular.

En general, como mejor podemos explicar el ministerio de liberación es como una enérgica oración de orden hecha en el nombre de Jesús contra la enfermedad de espíritu, mente o cuerpo. El hombre es una trinidad inseparable compuesta por cuerpo, alma y espíritu. Si está bajo el ataque en alguna de estas áreas, a menudo siente la reacción en las tres.

En el pasado, la iglesia por lo general se ha limitado a una simple oración de petición, pidiéndole a Dios mediante su Hijo Jesús, que sanara, restaurara y librara; y se obtuvieron muchas respuestas maravillosas, pero muchos que recibían la oración *no* eran liberados.

¿Quién debe echar fuera demonios?

¿Enseñó Jesús a sus discípulos que le pidieran a *Él* que echara fuera demonios? Veamos quién se supone que debe ministrar liberación a los oprimidos.

> *A estos doce envió Jesús, y les dio instrucciones, diciendo... Sanad enfermos, limpiad leprosos, resucitad muertos, echad fuera demonios; de gracia recibisteis, dad de gracia.* (Mateo 10:5, 8)

Jesús les dijo a *ellos* que sanaran a los enfermos y echaran fuera demonios. Se esperaba de ellos que ejercieran su autoridad delegada en Cristo.

De igual forma, el apóstol Santiago enseñó a los ancianos de las iglesias a orar *por* los enfermos:

> *¿Está alguno enfermo entre vosotros? Llame a los ancianos de la iglesia, y* ***oren por él****, ungiéndole con aceite en el nombre del Señor. Y la oración de fe salvará al enfermo, y el Señor lo levantará; y si hubiere cometido pecados, le serán perdonados .* (Santiago 5:14–15)

La frase "*oren por él*" sugiere que el que ora *ejerce dominio sobre* la enfermedad y ordena que se vaya en la autoridad de Cristo. El mismo tipo de orden se debe emitir cuando tratamos con demonios. Cuando lo hacemos así, los resultados que siguen son asombrosos.

5. ¿Puede cualquier persona echar fuera demonios?

No. Echar fuera demonios no es un juego de mesa para los curiosos. De hecho, meterse con los demonios puede ser bastante peligroso si no se está debidamente preparado.

¿Cuáles son los requisitos? Principalmente, que crea en Jesucristo como su Señor y Salvador y confíe en su poder. Jesús dijo: "*Y estas señales seguirán* ***a los que creen:*** *En mi nombre echarán fuera demonios*" (Marcos 16:17).

Ningún ser humano tiene el poder de echar fuera demonios sin Cristo. Por tanto, asegúrese de que Jesucristo permanece en usted. Si Él está en usted, es usted más que vencedor mediante su poder y su nombre (véase Romanos 8:37). Cualquier cristiano nacido de nuevo puede echar fuera demonios.

Soy totalmente consciente de que la palabra "exorcista" se ha usado fuera de los círculos cristianos. Los curanderos a menudo intentan expulsar espíritus malignos de las personas, pero no debemos confundir eso con la liberación cristiana. Independientemente de lo que pueda decir un curandero, él no puede echar fuera demonios.

> *¿Cómo puede Satanás echar fuera a Satanás? Si un reino está dividido contra sí mismo, tal reino no puede permanecer. Y si una casa está dividida contra sí misma,*

> *tal casa no puede permanecer. Y si Satanás se levanta contra sí mismo, y se divide, no puede permanecer, sino que ha llegado su fin.* (Marcos 3:23–26)

Ningún otro poder

Algunos médiums espiritistas afirman tener poder para echar fuera demonios. Eso es imposible. Sin embargo, a veces persuaden al demonio para que se esconda temporalmente, y la persona que ha sido "exorcizada" por un médium piensa que ha sido liberada. Pero tarde o temprano el demonio vuelve a manifestarse, por lo general con efectos peores que antes. Ningún otro poder echa fuera demonios a excepción del poder de Jesucristo.

¿Qué ocurre si alguien que no conoce a Cristo intenta echar fuera demonios? La Escritura narra un incidente donde concretamente ocurrió eso.

> *Pero algunos de los judíos, exorcistas ambulantes, intentaron invocar el nombre del Señor Jesús sobre los que tenían espíritus malos, diciendo: Os conjuro por Jesús, el que predica Pablo. Había siete hijos de un tal Esceva, judío, jefe de los sacerdotes, que hacían esto. Pero respondiendo el espíritu malo, dijo: A Jesús conozco, y sé quién es Pablo; pero vosotros, ¿quiénes sois?*
>
> (Hechos 19:13–15)

Aquellos exorcistas judíos no tenían una fe personal en Jesús, pero habían observado cómo el apóstol Pablo había tratado con éxito con los demonios en el nombre de Jesús, así que pensaron que ellos también lo intentarían. ¿Qué ocurrió?

> *Y el hombre en quien estaba el espíritu malo, saltando sobre ellos y dominándolos, pudo más que ellos, de tal manera que huyeron de aquella casa desnudos y heridos.* (Hechos 19:16)

Eso es lo que puede ocurrir si comienza usted a jugar con la liberación. Pero si conoce a Jesucristo, no tiene nada que temer. Tome la autoridad que le pertenece, ¡y eche fuera a los demonios en el nombre de Jesús!

8

DEMONIOS Y EL CREYENTE

1. ¿Puede un cristiano estar poseído por un demonio?

La manera de construir esta pregunta no es muy apropiada. La pregunta normalmente la formulan de forma peyorativa quienes rechazan totalmente la idea de que un cristiano nacido de nuevo pudiera ser molestado o afligido por un demonio.

El problema tiene que ver con el uso de la palabra *poseído,* una palabra que sugiere que el demonio habita totalmente y posee a la persona sin dejarle ningún área libre y bloqueando por completo su libre albedrío.

No creo que un cristiano nacido de nuevo pueda estar poseído por un demonio. Solamente la idea de que un cristiano que ama al Señor sea *poseído* y *controlado* por un demonio es totalmente aborrecible e inaceptable. Si los cristianos abandonaran el uso de esta palabra tan confusa, "poseído", y hablaran de un problema de demonios en términos de "opresiones", "vejaciones" o "ataduras", los creyentes se evitarían mucha confusión.

El asunto se puede ver con mayor claridad aún al considerar si un cristiano puede estar totalmente poseído por el Espíritu Santo. Desde un punto de vista teórico, podríamos vernos tentados a responder un rápido "sí" basándonos en el siguiente pasaje bíblico:

> *¿O ignoráis que vuestro cuerpo es templo del Espíritu Santo, el cual está en vosotros, el cual tenéis de Dios, y que no sois vuestros? Porque habéis sido comprados por precio.* (1 Corintios 6:19–20)

En cierto sentido, somos propiedad legítima del Espíritu Santo; sin embargo, incluso Él solo puede *poseernos* en términos prácticos cuando nos *entregamos* a Él conscientemente.

Decir que cualquier cristiano está totalmente poseído por el Espíritu Santo implica que está siendo controlado, en todo momento y en todo lugar, por el Espíritu Santo en todo lo que dice y hace. ¡Pero sabemos por experiencia que no es el caso! Muchos otros factores entran en juego. La voluntad de la persona puede causar que haga algo muy distinto a la conocida Palabra de Dios. No debemos hacer de un cristiano una marioneta en manos de Dios; pero imagínese que no obedecemos a Dios: ¿entonces nos está poseyendo el Espíritu Santo? Puede que esté en nosotros, pero no le estamos dando su legítimo lugar en el momento de desobedecer.

De igual forma, un demonio puede molestar o afligir a un cristiano de muchas maneras, pero no estamos sugiriendo ni por un solo instante que tal cristiano esté "poseído por un demonio".

2. Si no es estar poseído, ¿hay algún otro sentido en que un cristiano pudiera "tener" un demonio?

Sí, claro. Pero primero consideremos lo que queremos decir con la palabra "tener". ¿A qué nos referimos cuando decimos que "tenemos" un visitante en casa (quizá uno no muy deseado)? ¿Qué tal si decimos que tenemos un ratón en nuestra casa o incluso una pulga en nuestra ropa?

No estamos *poseídos* por esos visitantes, sino que tal vez nos avergüenzan. Quizá incluso nos exasperan e intentamos que se vayan de casa o de la ropa lo antes posible.

De forma similar, los cristianos pueden recibir visitantes demoniacos no deseados. Pensemos en uno de los discípulos de Jesús, por ejemplo. Pedro comenzó a reprender al Hijo de Dios, obviamente con buenas intenciones, porque no podía entender que Jesús *tuviera* que morir. Jesús le respondió de la misma manera enérgica en que había respondido a Satanás en el desierto: "*¡Quítate de delante de mí, Satanás!*" (Marcos 8:33).

Pedro tenía buenas intenciones, era sincero; pero al intentar evitar que Jesús fuera al Calvario, se convirtió en un instrumento de Satanás en ese momento. ¿Estaba Pedro "poseído por el diablo"? Claro que no; pero en su ignorancia le dio *lugar* al diablo, el cual usó su mente y su voz.

Algunos pudieran sentir que Jesús no fue muy amable al reprender a Pedro, pero su motivo quedó muy claro cuando Jesús le dijo a Pedro:

> *Satanás os ha pedido para zarandearos como a trigo; pero yo he rogado por ti, que tu fe no falte.*
>
> (Lucas 22:31–32)

Satanás estaba intentando "tener" a Pedro, y cuando Pedro le dio lugar, Pedro "tuvo" a Satanás. Si entretenemos a Satanás en nuestros pensamientos o en nuestras vidas, le "tenemos". Solo cuando le expulsamos en el nombre de Jesús nos deshacemos de él y de sus terribles y atenazadores poderes.

Jesús sabía que Satanás estaba sacudiendo a Pedro como había sacudido muchos años atrás a Job. La lucha se intensificó tanto que Pedro, un apóstol, ¡negó abiertamente a su Señor ante una muchacha! A pesar de ser un creyente, maldijo y mintió. ¿Por qué se hundió ante el estrés? Porque Satanás le atacó y Pedro le dio lugar en sus pensamientos y sus palabras.

Después de Pentecostés, Pedro era un hombre cambiado. Se había arrepentido con lágrimas amargas y aprendió a resistir al diablo. Fue lleno del Espíritu Santo.

Engañado y devorado

¿Podría ser que Satanás intentara sacudirnos a algunos de nosotros? ¿Por qué algunos cristianos se sienten obligados a veces a maldecir a Dios, o a destruir sin razón alguna, incluso a asesinar o cometer adulterio? Muchas veces, una persona le ha dicho al juez en una sala judicial: "No sé por qué lo hice, pero algo me hizo hacerlo". ¿Quién es ese "algo"?

El apóstol Pablo advirtió a la iglesia de los corintios: "*para que Satanás no gane ventaja alguna sobre nosotros*" (2 Corintios 2:11), y debemos recordar que la iglesia de los corintios era una iglesia constituida por cristianos llenos del Espíritu.

El apóstol Pablo también advirtió a esta iglesia acerca de la posibilidad de recibir "*otro espíritu*" (2 Corintios 11:4). Obviamente, entonces, los cristianos llenos del Espíritu pueden recibir un espíritu de Satanás. Por supuesto, esto podría ocurrir solo si ellos deliberadamente dan lugar a tal espíritu.

El apóstol Pablo escribió:

> *Pero temo que como la serpiente con su astucia engañó a Eva, **vuestros sentidos sean de alguna manera extraviados** de la sincera fidelidad a Cristo.*
> (2 Corintios 11:3)

El extravío de los sentidos de un cristiano lleno del Espíritu solo se puede lograr mediante una invasión demoniaca. La corrupción que procede de Belcebú, el príncipe del deterioro, es implantada en la mente. "El extravío de los sentidos" (la corrupción de la mente) en un cristiano es un asunto muy serio, y un cristiano que está bajo este tipo de ataque satánico no recibe ayuda alguna cuando se le dice que "no puede tener un demonio". Necesita consejería y la oración de liberación.

Peor que ser corrompido es ser devorado por el enemigo. Pedro, que aprendió de su experiencia de ser sacudido, exhortó a los primeros cristianos:

> *Sed sobrios, y velad; porque vuestro adversario el diablo, como león rugiente, anda alrededor buscando a quien devorar.* (1 Pedro 5:8)

El apóstol Pablo nos advierte "*que en los postreros tiempos algunos apostatarán de la fe, escuchando a espíritus engañadores y a doctrinas de demonios*" (1 Timoteo 4:1). La Escritura indica que un espíritu puede seducir a un cristiano.

Si un hombre seduce a la esposa de otro hombre, y la que era una cónyuge fiel deja de ser fiel, está obedeciendo a otro espíritu al cometer adulterio (que es también un espíritu). De igual forma, Satanás puede aparecer con una personalidad encantadora y literalmente seducir a un creyente para cometer adulterio espiritual con los demonios.

Si no controlamos nuestra naturaleza y apetitos carnales, los cuales son dados por Dios, entonces Satanás nos tentará para que cedamos a él. Nosotros somos los que controlamos la situación, no Satanás. Él no tiene poder sobre alguien que se mantiene sin mancha del mundo, la carne y el diablo (véase 1 Juan 5:18).

Aflicciones físicas

A veces, los cristianos pueden tener contacto con demonios que causan terribles problemas físicos, como la epilepsia. Ninguna persona inteligente osaría sugerir que la epilepsia es algo de Dios, o que Dios quiere que algunos de sus hijos sufran de una enfermedad tan terrible y vergonzosa. Pero no debemos agravar la angustia sugiriendo que tal persona está poseída por un demonio. Eso no ayudará en absoluto.

Según las Escrituras, estas enfermedades son de Satanás. Debemos reconocer su influencia en nuestra lucha de fe contra toda enfermedad de la mente y del cuerpo. Cuando el sufridor manifiesta un ataque de epilepsia o alguna otra forma de conducta extraordinaria, deberíamos reconocer que un demonio está ejerciendo control sobre cierta parte del cuerpo y desalojarle mediante la oración de liberación hecha en el nombre de Jesús.

Una de las primeras personas en ser liberadas al comienzo de nuestro ministerio fue una mujer que había experimentado ataques de epilepsia nocturnos. Ha sido sanada desde entonces. Esta mujer cristiana había sido dedicada al Señor desde su infancia. Ciertamente, no estaba poseída por un demonio.

Después de la oración enérgica en fe, el demonio que le estaba *irritando* se fue, y ella quedó permanentemente sanada.

Sí, un cristiano puede "tener" un demonio, pero también puede ser liberado si lo confiesa al Padre y busca su libertad en Cristo.

3. ¿Dónde dice la Biblia que un cristiano pueda tener un demonio?

Las personas que hacen tales preguntas a menudo demandan que les mostremos exactamente el capítulo y el versículo que sustenta nuestras creencias.

Obviamente, no hay ninguna cita bíblica que diga: "Un cristiano *puede* tener un demonio". Tampoco encontrará un versículo concreto que diga: "No fumes marihuana ni consumas cocaína".

De hecho, los cristianos en la Biblia no solo "tenían" demonios, sino que también los expulsaban. La Biblia relata la historia de una mujer que había estado afligida durante años y necesitaba liberación:

> *Y había allí una mujer que desde hacía dieciocho años tenía espíritu de enfermedad, y andaba encorvada, y en ninguna manera se podía enderezar. Cuando Jesús la vio, la llamó y le dijo: Mujer, eres libre de tu enfermedad. Y puso las manos sobre ella; y ella se enderezó luego, y glorificaba a Dios.* (Lucas 13:11–13)

Jesús describió a esa mujer como una "*hija de Abraham*" (versículo 16), queriendo decir que era una verdadera creyente. Caminaba en la fe de Abraham. La Biblia ni siquiera nos da indicio alguno de que fuera culpable de algún pecado en particular, pero había sido afligida por un demonio durante dieciocho años, ¡aunque era creyente!

Forzados a salir

Un sacerdote ortodoxo griego lleno del Espíritu me dijo que todos los nuevos convertidos pasan por un proceso de liberación antes de ser bautizados en agua en su iglesia. Esto es exactamente lo que Justino Mártir, Policarpo, Clemente e Ireneo (los padres de la iglesia primitiva) nos dicen en sus escritos. Todo nuevo convertido automáticamente pasaba por un proceso de liberación, lo pidiera o no. Los líderes de la iglesia trataban la contaminación espiritual y la suciedad antes de sumergir a los nuevos convertidos en agua.

Todos los que llegan a nuestras reuniones pidiendo liberación profesan ser cristianos. Muchos ya han sido bautizados en el Espíritu. Aunque alaban a Dios en lenguas, puede que haya ataduras que obstaculizan sus vidas. De hecho, me inclino a creer que esos demonios a menudo salen a la luz *porque* esas personas han sido bautizadas en el Espíritu. En otras palabras, la presencia del Espíritu Santo remueve a los otros espíritus que están ocultos. Son forzados a salir por el Espíritu de Dios, donde se pueda tratar con ellos y expulsarlos en el nombre de Jesús.

4. ¿Cómo puede un demonio y el Espíritu Santo habitar en la misma persona al mismo tiempo?

Esta pregunta está basada en la suposición de que "cuando Jesús entra, Satanás sale". Ciertas iglesias de la santidad enseñan acerca de una "segunda obra de gracia" o "santificación", la cual borra todo rastro de la naturaleza de pecado en el creyente.

La experiencia contradice una doctrina tan extrema; por tanto, nos vemos forzados a llegar a la conclusión de que los cristianos frecuentemente hacen cosas que no son coherentes con la vida de Cristo *en* ellos. Esto no significa que *cada* acto voluntario por parte del creyente esté motivado por un demonio, pero muchos cristianos *están* cruelmente atados y necesitan liberación.

Decir que tales personas no son creyentes es ridículo. ¿Cuántos cristianos están atados por hábitos? ¿Cuántos demuestran mal genio y celos? Decir que esas personas no son cristianas es más fácil que admitir que los creyentes pueden ser afligidos por espíritus malignos.

Un reconocido y respetado ministro de Toronto dijo que un cristiano es como un hotel con muchas habitaciones. Solo algunas de las habitaciones están rendidas, mientras que otras siguen llenas de espíritus que no son el Espíritu Santo. Jesús solo entra donde se le invita.

Algunas personas necesitan meses o incluso años para darse cuenta de que no todo está bien en sus vidas; solo después de mucha agitación interna han buscado ayuda, y aún de forma reticente. Aunque el Espíritu Santo necesitó meses para convencer a esas personas de que había habitaciones en sus vidas que aún no estaban llenas de Dios, la oración de fe produjo una liberación inmediata.

Tras la convicción, le pidieron a Jesús que entrara en las habitaciones, pero Satanás tuvo que ser expulsado primero, cuando lo desearon con su voluntad. Debemos tener cautela con la teología teórica, si es que no queremos perdernos la bendición y seguir atados.

Satanás llenó sus corazones

El caso de Ananías y Safira es interesante. Pocos discutirían que eran miembros de la iglesia apostólica en Jerusalén. Esta pareja había sido testigo de grandes milagros y sanidades en la iglesia del primer siglo. Sin embargo, la Escritura narra que fueron influenciados por fuerzas demoniacas para ser deshonestos en su ofrenda.

> *Pero cierto hombre llamado Ananías, con Safira su mujer, vendió una heredad, y sustrajo del precio, sabiéndolo también su mujer; y trayendo sólo una parte, la puso a los pies de los apóstoles. Y dijo Pedro: Ananías,* ***¿por qué llenó Satanás tu corazón para que mintieses al Espíritu Santo****, y sustrajeses del precio de la heredad?*
>
> (Hechos 5:1–3)

Aunque eran cristianos llenos del Espíritu, eso no impidió que Satanás llenara sus corazones. Lo negativo sacó lo positivo; lo inmundo sacó lo santo, y como consecuencia de ello murieron.

Hemos descubierto con la experiencia que muchos jóvenes que han experimentado con las drogas y han tenido "viajes" psicodélicos siguieron sufriendo tormento o ataduras mentales *después* de recibir a Jesús como Salvador y *después* de haber sido bautizados en el Espíritu Santo. Tales jóvenes afligidos han acudido a nosotros y nos han pedido liberación de esta atadura. En cuanto hemos reprendido a esos espíritus atormentadores, los demonios han respondido saliendo de inmediato.

En nuestras iglesias actualmente hay muchos creyentes que necesitan liberación, pero la iglesia no ha practicado este ministerio. En nuestra generación Dios está restaurando el ministerio de liberación para liberar a los oprimidos.

5. ¿Cómo podemos estar seguros de que una manifestación cristiana del Espíritu Santo es genuina, si los cristianos pueden tener demonios?

Esta pregunta a menudo se plantea refiriéndose concretamente a la manifestación de lenguas. Supongamos que un cristiano ora para recibir el bautismo del Espíritu Santo y luego habla en lenguas. ¿Cómo sabemos si es una obra genuina del Espíritu Santo? ¿No podría ser también una manifestación demoniaca?

Debemos recordar las palabras de Jesús en referencia al Espíritu Santo:

> *¿Qué padre de vosotros, si su hijo le pide pan, le dará una piedra? ¿o si pescado, en lugar de pescado, le dará una serpiente? ¿O si le pide un huevo, le dará un escorpión? Pues si vosotros, siendo malos, sabéis dar buenas dádivas a vuestros hijos, ¿cuánto más vuestro Padre celestial dará el Espíritu Santo a los que se lo pidan?*
>
> (Lucas 11:11–13)

Jesús dijo claramente que no debemos tener temor a obtener algo que no pedimos, o algo malo. Si usted pide pan, recibirá pan. Si pide un huevo, recibirá un huevo. Si pide el Espíritu Santo, recibirá el Espíritu Santo. Nadie le ha pedido jamás al Padre el Espíritu Santo y ha recibido un espíritu inmundo. Dios es fiel y bueno, y Él le dará lo que ha pedido.

¿Cree, entonces, que un cristiano podría pedir sinceramente el poder del Espíritu y recibir un mensaje en lenguas inmundo e inspirado por el diablo? ¡Claro que no!

No puedo enfatizar en exceso la importancia de la sangre de Jesús. ¿Qué derecho tenemos a reclamar cualquier bendición de Cristo sin la cobertura de su sangre? La persona que pide el bautismo del Espíritu también debería decir: "Invoco la sangre de Jesús". ¿Qué otra cosa tenemos? ¿Cómo si no podemos imaginar pedirle a Dios bendiciones que no merecemos? Pero si usted invoca la sangre, puede estar seguro de que será protegido del engaño de los demonios, y recibirá un bautismo genuino en el Espíritu.

Por sus frutos

Sin embargo, vemos que algunas personas que reciben el bautismo del Espíritu puede que sigan teniendo un espíritu maligno latente escondido, esperando ser expulsado. La morada del Espíritu Santo puede que no siempre expulse a espíritus indeseados, aunque los demonios a veces sí salen cuando el Espíritu Santo entra.

En casos en que los demonios permanecen escondidos, ¿cómo sabemos cuándo esas "manifestaciones espirituales" cristianas son genuinas? Muy sencillo.

> *Por sus frutos los conoceréis. ¿Acaso se recogen uvas de los espinos, o higos de los abrojos? Así, todo buen árbol da buenos frutos, pero el árbol malo da frutos malos.*
>
> (Mateo 7:16–17)

Igualmente, el Espíritu Santo produce un fruto santo, pero un espíritu maligno produce fruto malo.

Si una manifestación en particular es buena y glorifica a Cristo, podemos estar seguros de que el Espíritu Santo está en control.

6. ¿Era el aguijón en la carne del apóstol Pablo un demonio?

¡Esta pregunta es realmente una patata caliente! Para muchos, la idea de que el apóstol Pablo pudiera haber "tenido un demonio" es tan horrible que no pueden ni pensar en ello. Para rodear esta dificultad, muchos maestros de la Biblia enseñan que Pablo tenía una enfermedad en los ojos, causada por el maltrato recibido cuando le apedrearon en Listra (véase Hechos 14:19).

A mí me parece que la dificultad se resuelve más fácilmente si leemos el pasaje aceptando simplemente lo que dice.

> *Y para que la grandeza de las revelaciones no me exaltase desmedidamente, me fue dado un aguijón en mi carne,* ***un mensajero de Satanás que me abofetee****, para que no me enaltezca sobremanera.* (2 Corintios 12:7)

La construcción gramatical en este pasaje es muy interesante. Cualquiera que entienda los principios básicos de la construcción gramatical sabe que las palabras en cursiva, "... *un mensajero de Satanás que me abofetee*", se usan *opuestamente* a las palabras, "*aguijón en la carne*". En otras palabras, la segunda expresión explica la primera. El apóstol Pablo explica su aguijón en la carne diciendo que era "*un mensajero de Satanás que me abofetee*".

La palabra "mensajero" es una traducción de la palabra griega *aggelos*, que por lo general se traduce como "ángel". Como los demonios no son sino ángeles caídos, podemos concluir que el aguijón en la carne de Pablo era un demonio que continuamente le abofeteaba (golpeaba, maltrataba).

Este "maltrato" es probablemente más literal de lo que la mayoría de las personas piensan. En Listra, el apóstol Pablo fue apedreado hasta tal grado que la gente pensó que estaba muerto. Pablo también describe sus "maltratos" en el siguiente pasaje:

> *En trabajos más abundante; en azotes sin número; en cárceles más; en peligros de muerte muchas veces. De los judíos cinco veces he recibido cuarenta azotes menos uno. Tres veces he sido azotado con varas; una vez apedreado; tres veces he padecido naufragio; una noche y un día he estado como náufrago en alta mar; en caminos muchas veces; en peligros de ríos, peligros de ladrones, peligros de los de mi nación, peligros de los gentiles, peligros en la ciudad, peligros en el desierto, peligros en el mar, peligros entre falsos hermanos; en trabajo y fatiga, en muchos desvelos, en hambre y sed, en muchos ayunos, en frío y en desnudez.*
>
> (2 Corintios 11:23–27)

Dios permitió todas esas experiencias de adversidad por la abundancia de las revelaciones que Pablo había recibido, para *que siguiera siendo humilde*. El agente de esa angustia y fatalidad era un ángel de Satanás, un demonio poderoso.

¿Alguna vez se ha preguntado por qué las cosas a veces parecen ir mal cuando usted está sirviendo al Señor lo mejor que puede? El Rey David fue perseguido a pesar de su integridad y rectitud ante Dios. ¿Cómo veía David sus circunstancias?

> *Muchas son las aflicciones del justo, pero de todas ellas le librará Jehová.* (Salmos 34:19)

¿Quién envía estas aflicciones? Satanás afligió a Job, pero solo con el permiso de Dios. ¿Somos nosotros distintos? ¿Era Pablo una excepción?

Aparentemente, la persecución es un tipo de opresión demoniaca que ningún cristiano puede evitar. Pero no debemos deprimirnos por ello. Todo cristiano puede pedir una liberación interior de la depresión demoniaca; Pablo obviamente tuvo ese tipo de liberación y estaba lleno del gozo del Señor.

7. ¿Cómo puede un cristiano resistir las influencias demoniacas que le rodean?

Resistir al enemigo es tanto posicional como práctico. La Escritura dice que "*todo aquel que ha nacido de Dios, no practica el pecado, pues Aquel que fue engendrado por Dios le guarda, y el maligno no le toca*" (1 Juan 5:18).

En primer lugar, observe que el versículo habla de "*aquel que ha nacido de Dios*". Mediante el renacimiento espiritual (como enseñó Jesús en Juan 3:3–5 y Juan 1:12), un pecador es elevado a la categoría de hijo en Jesús. Se convierte en un hijo adoptivo de Dios, un miembro de la familia real del cielo. Su hermano mayor es Jesús, y todos los demás cristianos nacidos de nuevo son sus hermanos.

En segundo lugar, se nos dice que este hijo de Dios "*no practica el pecado*". Esto lo hace manteniéndose limpio y sin mancha del mundo, pensando y practicando pensamientos puros, y manteniéndose bajo la sangre de Jesús.

Después, dado que cumpla la segunda parte, está en una posición donde puede reprender al diablo, resistirle y hacer que huya. No solo el maligno no le toca, sino que Satanás huirá de su presencia porque esa persona manifiesta el grato olor de Cristo (véase 2 Corintios 2:15).

Espiritualmente hablando, el creyente huele como la Rosa de Sarón y el Lirio del Valle. Todas sus vestiduras huelen a mirra, áloes y casia. Como el "hedor" de Satanás es totalmente ofensivo para el cristiano, así también la dulce "fragancia" del cristiano es ofensiva para Satanás, ya que le recuerda la derrota total que sufrió cuando Jesús derramó su sangre en la cruz para limpiarnos del pecado.

Aunque el cristiano nacido de nuevo se goza de que "el maligno no le toca", permítame señalar rápidamente que esta promesa es condicional a su obediencia. Algunas personas intentan esconderse tras este versículo y afirmar que Satanás no puede tocarles ni oprimirles. Desgraciadamente, algunos cristianos están profesando (teológicamente) una libertad que no tienen en la realidad práctica.

¿Está usted sometido a Dios?

Nuestras iglesias están llenas de cristianos desobedientes a quienes Satanás ha atado cruelmente. Someterse a liberación para deshacerse de la aflicción o la opresión es mucho mejor que comportarse como si la atadura no existiera en su vida. Cuando esté usted en paz interiormente, será capaz de resistir los ataques demoniacos que lleguen a usted desde el exterior.

Santiago nos da una clave importante para resistir las influencias demoniacas. Dice:

> *Someteos, pues, a Dios; resistid al diablo, y huirá de vosotros.* (Santiago 4:7)

Si no le ha rendido su corazón a Dios, le costará mucho resistir las tentaciones y la opresión del enemigo.

Pedro había sido zarandeado y usado como una herramienta de Satanás. ¿Qué consejo dio a los demás creyentes que afrontasen batallas similares con un enemigo tan astuto?

> *Humillaos, pues, bajo la poderosa mano de Dios, para que él os exalte cuando fuere tiempo.... Sed sobrios, y velad; porque vuestro adversario el diablo, como león rugiente, anda alrededor buscando a quien devorar; al cual resistid firmes en la fe.* (1 Pedro 5:6, 8–9)

Si primero nos humillamos ante Dios y luego ante nuestros hermanos y hermanas en Cristo, estamos en una posición de fortaleza. Recuerde que Dios se opone de manera activa al orgulloso (véase 1 Pedro 5:5). Sin humildad, seremos incapaces de vencer a Satanás. Se nos advierte que él desea "devorarnos", así que debemos tener cuidado de resistir al diablo con toda nuestra fuerza.

Aunque no tenemos fuerza en nosotros mismos para luchar contra el diablo, podemos reclamar la fortaleza de Cristo. Podemos decir como el dijo el apóstol Pablo: "*Todo lo puedo en Cristo que me fortalece*" (Filipenses 4:13). Con una fortaleza así, ¡el diablo es un enemigo derrotado!

8. ¿Cómo se puede impedir dar "lugar" al diablo?

En primer lugar, reconozca que, sin Jesucristo, prácticamente no tiene usted resistencia alguna a los demonios. El apóstol Pablo dijo: *"Todo lo puedo en Cristo que me fortalece"* (Filipenses 4:13).

El hombre natural, sin Jesús, es espiritualmente débil y muy susceptible a estar plagado de demonios. Si Cristo no está habitando en él, un hombre natural no puede hacer mucho en cuanto a luchar contra los demonios. Si no conoce usted a Cristo, le insto a que pase del pecado a Cristo, y le reciba como su Señor y Salvador. Si le pide que entre en su vida, Él cumplirá su promesa y entrará.

> *He aquí, yo estoy a la puerta y llamo; si alguno oye mi voz y abre la puerta, entraré a él.* (Apocalipsis 3:20)

Pero ese es solo el primer paso. Una vez que ha recibido a Cristo y se ha convertido en un cristiano nacido de nuevo, entonces debe usted establecer el hábito de no dar lugar al diablo (véase Efesios 4:27). También podría hacer frente al hecho de que cualquier parte de su cuerpo puede convertirse en un lugar para un demonio. ¡Un demonio se apropiará de todo lo que pueda conseguir!

Si cedemos a nuestra naturaleza carnal y damos una mano, un ojo o un oído, un espíritu demoniaco con una característica particular podría apoderarse de esa parte en particular y ocuparla. El espíritu de lujuria puede ocupar el ojo, por ejemplo, y puede que usted tenga tendencia a mirar con lujuria una revista pornográfica o películas X. El demonio puede empujarle, incluso en contra de su mejor juicio, a seguir cada vez más en esas prácticas.

Vale la pena que prestemos atención a una exhortación bíblica en particular.

> *Sabemos que todo aquel que ha nacido de Dios* [es decir, el cristiano nacido de nuevo], *no practica el pecado, pues Aquel que fue engendrado por Dios le guarda, y el maligno no le toca.* (1 Juan 5:18)

El sentido de que el cristiano "es guardado" tiene que ver con que la persona se abstenga firmemente de la maldad del mundo, al caminar continuamente en el Espíritu, y situándose conscientemente bajo la sangre de Cristo.

Al seguir al Espíritu Santo, podemos recibir la fortaleza para mantener una comunión continua con Jesús. Cualquiera que mantenga ese tipo de comunión con Él, ¡ciertamente no dará lugar a un demonio!

9

Tipos de demonios

1. ¿Hay demonios que causen enfermedades?

Por supuesto que sí. Las fuerzas reales que están detrás de nuestro mundo físico son de naturaleza espiritual Dios hizo que la materia existiera por su palabra. Él hizo el mundo de tal forma que *"lo que se ve fue hecho de lo que no se veía"* (Hebreos 11:3). Él creó los átomos y las moléculas. Nuestro cuerpo es *"maravillosamente complejo"* (Salmos 139:14). Solo cuando las fuerzas demoniacas invaden nuestros maravillosos cuerpos creados por Dios somos afligidos con enfermedades mentales y físicas.

Un pasaje de las Escrituras deja esto especialmente claro.

> *Cómo Dios ungió con el Espíritu Santo y con poder a Jesús de Nazaret, y cómo éste anduvo haciendo bienes y sanando a todos los oprimidos por el diablo, porque Dios estaba con él.* (Hechos 10:38)

La palabra "oprimir" en griego significa "vencer" o "apabullar", y sugiere que las personas sanadas por Jesús fueron liberadas de sus enfermedades porque un espíritu "apabullador" salió fuera por la orden dada en fe.

Vuelva a leer. El versículo dice que Jesús sanó a todos los que estaban oprimidos (vencidos) por el diablo. En otras palabras, Satanás era el agente que causaba sus enfermedades. Debemos recordar que Satanás es el comandante supremo de todas las fuerzas demoniacas. A sus órdenes, sus enjambres de demonios invadirán, atacarán y oprimirán a los seres humanos; y eso incluye afligirnos con enfermedades, dolencias, desánimo, depresión, ansiedad y desesperación.

La causa verdadera

La persona enferma, al no entender la causa de su estado, observa sus síntomas y busca tratamiento médico. Yo doy gracias a Dios por los doctores, pero los cristianos deberían entender que la verdadera causa de algunas enfermedades no es ni mental ni física, sino espiritual. Por eso Jesús reprendió a la fiebre en la suegra de Pedro (véase Lucas 4:38–39). Tan pronto como el espíritu que estaba tras la fiebre fue expulsado, la fiebre desapareció y ella fue sanada.

La principal objeción a esta enseñanza es la revulsión automática que el cristiano siente cuando alguien sugiere que un demonio le ha invadido y ha puesto una enfermedad en él. A nadie le gusta oír malas noticias. Descubrir que pudiéramos tener un cáncer o alguna otra enfermedad terrible ya es suficientemente malo, pero que además le digan que podemos tener una infección de espíritus vivientes invisibles en nuestro cuerpo es tan repulsivo que mentalmente lo rechazamos como imposible. ¡Pero el rechazo de la idea no echa fuera a los demonios!

Leí acerca de una misionera en Sudamérica que estaba tan deprimida que dejó el campo misionero con una enfermedad crónica. El Espíritu de Dios finalmente reveló la causa de su problema: los demonios. Ella decidió ayunar. Cada media hora se arrodillaba, reprendía a Satanás y a sus demonios, y proclamaba victoria. Siguió haciéndolo durante un día completo. Al final del día, fue totalmente liberada y recuperó su buena salud.

2. Cuando una persona está enferma, ¿se debería siempre echar fuera un demonio?

¡Dios nunca quiso que su pueblo estuviera enfermo! En ese sentido, podemos decir que Satanás es responsable de la enfermedad. ¿Quién pensaría en culpar a Dios de ello?

En el cuerpo humano están latentes poderes recuperadores naturales. El tejido se renueva por sí solo, y los anticuerpos trabajan para expulsar la incursión de gérmenes, pero Satanás está siempre intentando impedir estos procesos. La oración es muy eficaz en estos casos.

Cuando una enfermedad persiste durante un periodo de tiempo y no responde a la oración ferviente, deberíamos considerar echar fuera el espíritu correspondiente. Esto ocurre en casos de artritis, bursitis y otras enfermedades de naturaleza similar. La constricción de los músculos del corazón, lo cual llamamos angina de pecho, bien puede estar causada por la actividad de un espíritu.

¿Son siempre los defectos congénitos resultado de pecado? La Escritura revela la perspectiva de Dios en uno de tales incidentes.

> *Al pasar Jesús, vio a un hombre ciego de nacimiento. Y le preguntaron sus discípulos, diciendo: Rabí, ¿quién pecó,*

éste o sus padres, para que haya nacido ciego? Respondió Jesús: No es que pecó éste, ni sus padres, sino para que las obras de Dios se manifiesten en él. (Juan 9:1–3)

A menudo nos han pedido que expliquemos el caso del hombre que nació ciego y a quien Jesús sanó. Los discípulos supusieron incorrectamente que él o sus padres debían de haber pecado, pero Jesús les dijo que la debilidad existía para qué Él pudiera revelar el poder sanador de Dios para restaurar la vista del hombre.

No debemos escondernos detrás de esta historia y creer que todas las enfermedades congénitas o deformidades son la voluntad de Dios, porque no es así. Las consecuencias de los pecados de nuestros antepasados se transmiten hasta la tercera y cuarta generación. Tampoco podemos decir que el hombre "tenía un demonio" porque era ciego, pero podríamos decir correctamente que Satanás era la causa original de la ceguera.

Pero aún cuando Satanás provocó la enfermedad de este hombre, Jesús no echó fuera un demonio, sino que simplemente hizo un milagro creativo y le devolvió al hombre la vista.

De igual forma, cuando nos piden que oremos por enfermos, no siempre "echamos fuera diablo", sino que a menudo oramos por un milagro, y Dios en su misericordia responde con señales y maravillas sorprendentes.

3. Si una persona es liberada de un demonio que ha causado enfermedad, ¿debería inmediatamente dejar toda la medicación?

Todo el ministerio de orar por los enfermos está muy relacionado con el ministerio de liberación. Jesús, "*con la palabra echó fuera a los demonios, y sanó a todos los enfermos*"

(Mateo 8:16). En muchos casos, cuando las personas sufren de enfermedades físicas, el espíritu de enfermedad que está detrás de la manifestación física puede ser expulsado al instante.

Pero incluso después de que la liberación elimine la causa principal de la enfermedad, pueden permanecer ciertos síntomas. El dolor puede que aún sea evidente, puede que la inflamación aún sea visible, los dolores de cabeza y los gérmenes o virus puede que aún sigan activos.

Si tal es el caso, ¿qué debe hacer el paciente? ¿Debería dejar la medicación como evidencia de su fe? No necesariamente; y sin duda, no sin la guía divina sobre el asunto.

Muchos han descubierto, para su tristeza, los terribles resultados de hacerlo sin la dirección de Dios. En casos de diabetes, sería pura presunción abandonar la insulina hasta que el páncreas vuelva a producir con normalidad.

Incluso después de una sanidad, puede que la restauración del tejido corporal y el reajuste de la buena salud pueda requerir tiempo. Tomar medicamentos durante este periodo no está mal, especialmente cuando los virus están aún activos. Si la sanidad ha sido tan extensa que no es necesaria la medicación, ese hecho pronto será evidente.

Algunos creyentes quizá descubran que una sanidad instantánea elimina todos sus síntomas. Otros quizá experimenten una restauración más progresiva de la salud. De hecho, esta última circunstancia es mucho más general que el milagro instantáneo.

¿Qué ocurre con la toma de medicinas?

Tomar medicinas no es pecado. Cuando Ezequías estuvo enfermo, fue sanado, pero aparentemente con la ayuda de medicinas.

> *Y dijo Isaías: Tomad masa de higos. Y tomándola, la pusieron sobre la llaga,* ***y sanó.*** (2 Reyes 20:7)

Isaías el profeta *ordenó* esta medicación para sacar la infección de la llaga.

Muchos se preguntarán: "¿Por qué Isaías recurrió a la medicina después de orar?". Aparentemente porque esa era la voluntad revelada de Dios para esa situación. Dios le dijo a Isaías que le dijera al rey que Él le sanaría, pero no sin el remedio de los higos.

En algunos casos, puede que un procedimiento tal esté dentro de la voluntad de Dios para nosotros hoy día. La Palabra de Dios dice claramente: "*Sobre los enfermos pondrán* [los creyentes] *sus manos, y sanarán*" (Marcos 16:18). Pero esto no excluye el uso de la medicación dada por Dios. Rehusar tomar medicinas *puede* ser presunción, y no fe.

Los cristianos que desprecian tomar medicinas señalan al Rey Asa, que murió porque fue a los médicos. Esto es realmente un error, porque el profeta Hanani había visitado previamente al rey Asa, y le reprendió por confiar en sus aliados sirios en lugar de confiar en el Dios vivo. El Rey Asa se enfureció tanto que encarceló a Hanani, una actitud muy impropia para recibir sanidad del Señor (véase 2 Crónicas 16).

Cuando Asa rechazó al hombre de Dios, Dios rechazó a Asa. Al igual que Saúl, que acudió a una adivina para pedir consejo, Asa fue a sus médicos buscando ayuda y murió. Si Asa hubiera sido un hombre piadoso y hubiera recibido las oraciones de Hanani y aceptado su corrección, sin duda se habría recuperado, independientemente de haber utilizado los servicios de la profesión médica o no.

Buscar ayuda de los doctores no es pecado. Dios ha sido bueno dándoles entendimiento acerca de la medicina, y hay muchos buenos médicos cristianos que pueden ayudarnos.

¿A quién deberíamos buscar?

Creo que el procedimiento correcto en casos de enfermedad mental o física está claro. En primer lugar, debemos buscar a Dios. En segundo lugar, si la enfermedad persiste, debiéramos también buscar la ayuda de la profesión médica. No recomiendo buscar a un doctor y no buscar a Dios en oración.

En muchos casos, la oración de fe con imposición de manos *produce* sanidad y liberación permanentes e instantáneas, y no será necesaria más ayuda o medicamento. Pero Jesús mismo dijo: *"Los sanos no tienen necesidad de médico, sino los enfermos"* (Mateo 9:12). Esto parece ser una declaración clara que apoya la obra legítima de la profesión médica, en lugar de ser una condenación.

Muchos creyentes que adoptan la posición extrema de "ni medicamentos ni doctores", tienen que cambiar su postura con el paso de los años, cuando el cuerpo se vuelve más frágil. Algunos han muerto porque han menospreciado todos los medicamentos. Su rechazo de los mismos no es fe, pues de lo contrario no habrían muerto. Como mucho, su posición extrema es un entusiasmo poco sabio y casi al borde de la presunción; otras veces es puro fanatismo. Dios no recibe la gloria en tales casos.

Muchas medicinas curativas naturales se encuentran en la vegetación que nos rodea. La ciencia moderna a menudo fabrica esas medicinas sintéticamente en vez de procesarlas de la vegetación. Las *digitalis*, por ejemplo, que se extraen de la planta dedalera, fortalecen mucho el corazón.

En años recientes, la conexión entre ciertas enfermedades y nuestros estilos de vida ha salido a la luz. Tenemos que dormir bien, hacer ejercicio regularmente y comer una dieta equilibrada. Usar el sentido común y tomar medidas preventivas puede reducir mucho nuestra incidencia de enfermedades y dolencias. Si nos enfermamos, podemos acudir a Dios en fe buscando la sanidad que Él ha provisto mediante Jesucristo.

La experiencia de muchos años me ha demostrado que la mayoría de personas no tienen la fe que creen que tienen, o que deberían tener. Piensan que insultan a Dios si toman medicinas. Si han orado por usted y aún tiene síntomas, busque el consejo médico sin más tardar y consiga una receta que pueda ayudarle. Finalmente, Dios es el que le sanará de cualquier modo, si usted cree.

4. ¿Hay demonios que causen molestias emocionales, o tales problemas son meramente psicológicos?

Debemos entender que Dios quiere tratar con nosotros como personas completas. Pensar que un problema dado es psicológico en vez de espiritual es probablemente un error. ¡Es más probable que sea ambos!

La educación nos ha condicionado a creer que debería consultarse a un psiquiatra con respecto a problemas emocionales. Para el humanista, el concepto de que la principal causa de bendición o maldición es espiritual no tiene sentido.

Los doctores examinan el cuerpo, los psiquiatras evalúan la mente y los ministros tratan el espíritu; pero algunos profesionales han descubierto la relación entre estas áreas. Los problemas espirituales pueden producir problemas físicos, y viceversa.

Desgraciadamente, muchos ministros trabajan principalmente en el ámbito intelectual, descuidando por completo el espíritu del hombre. La iglesia necesita desesperadamente hombres que sean "especialistas del espíritu", que puedan ministrar a las necesidades espirituales de las personas. Si el espíritu del hombre está oprimido por los espíritus de las tinieblas, entonces su mente estará entenebrecida, sus emociones trastocadas, y su cuerpo incluso podía estar enfermo.

Los hombres intelectuales puede que pongan nombres psicológicos a problemas emocionales e intenten tratarlos a nivel de la mente humana; pero la causa principal a menudo es la actuación de un espíritu maligno en el área del espíritu humano, el cual afecta tanto a las emociones como al cuerpo.

Muchas emociones negativas proceden de la actuación de espíritus malignos. Por ejemplo: *"Porque no nos ha dado Dios* ***espíritu*** *de cobardía, sino de poder, de amor y de dominio propio"* (2 Timoteo 1:7). Así como un espíritu de temor puede afligir a una persona con terror o pavor, el Espíritu Santo puede impartir atributos de poder, amor y dominio propio.

5. ¿Hay ciertos tipos de demonios que puedan contaminarnos mediante la experimentación con lo oculto?

Si una persona juega con una mofeta, ¡es muy probable que termine oliendo como ella! Participar en lo oculto siempre contamina el espíritu.

Si una persona participa en una sesión de espiritismo, inevitablemente esa persona absorberá una medida de maldad de los espíritus malignos presentes. La Biblia llama estos espíritus *"espíritus familiares"* (Deuteronomio 18:11; 1 Samuel 28:7–19), porque son los espíritus favoritos que obran a través del médium. Estos espíritus están designados en las Escrituras como inmundos o impuros. En el momento en que se contacta con un espíritu, y actuamos de manera amigable hacia él, no situamos bajo su maligna influencia.

De igual modo, si leemos los horóscopos, jugamos con la guija, participamos en una levitación o consentimos en cualquier forma agua o mineral adivinadores, comienza la contaminación espiritual. Es una ley espiritual.

Si un padre o madre participa en alguna forma regular de ocultismo, los niños de la familia también pueden sufrir. Recientemente, un anunciante británico produjo una cartelera publicitaria que mostraba una mujer embarazada fumando. El anuncio advertía que el niño en su vientre muy probablemente estaría contaminado físicamente y mentalmente. De igual forma, una mujer embarazada que contamina su mente buscando espíritus malignos, es muy probable que cause cierta forma de contaminación mental o física al niño que lleva en su vientre.

La contaminación espiritual puede llevar a la enfermedad, el tormento mental y patrones de conducta vergonzosos, especialmente los relacionados con el sexo erótico, la homosexualidad y los actos vulgares en general. Antes de poder experimentar liberación de tal atadura, debemos confesar nuestros pecados (incluso de ignorancia), renunciar a ellos y ponerlos bajo la sangre de Jesús. Entonces la oración puede echar fuera a los demonios contaminantes.

La historia revela que cuando las personas se alejan de la fe cristiana, el vacío se llena con otros espíritus. Las naciones paganas están llenas de demonios y de crueldad. Cuando la Biblia fue prohibida en las escuelas estadounidenses, se abrió una puerta para los espíritus de ocultismo, ¡y ahora la mayoría de los institutos de secundaria estadounidenses tienen al menos una bruja!

Nuestra generación está experimentando un aumento en el interés por lo oculto. A menos que Dios envíe un verdadero derramamiento del Espíritu Santo como en el Nuevo Testamento, Satanás finalmente triunfará y destruirá muchas naciones. Sin embargo, va a ocurrir lo contrario, porque Dios ha prometido derramar su Espíritu Santo sobre toda carne, y eso está sucediendo en la actualidad.

6. ¿Hay demonios que puedan llegar hasta nosotros a través de nuestros antepasados?

Sí, los hay, ¡pero no hay razón para mantenerlos ahí para siempre! La liberación está disponible para toda debilidad congénita que esté causada por demonios. Tales problemas generalmente se dividen en dos categorías:

1. Anomalías físicas causadas por una combinación desafortunada de genes
2. Debilidad emocional o espiritual recibida por herencia

Aunque no sugerimos que las malformaciones físicas estén causadas directamente por los demonios, algunas debilidades emocionales y espirituales pueden tener su origen en lo demoniaco.

Desgraciadamente, los pecados de los padres a menudo visitan a los hijos hasta la tercera y cuarta generación; es decir, de ochenta a cien años (véase Éxodo 20:5). La rebeldía y desobediencia de nuestros antepasados no son culpa nuestra; sin embargo, acarreamos las heridas mentales y espirituales.

Los niños de mamás que consumen drogas a menudo mueren al nacer, o puede que necesiten mantenerse vivos mediante una pequeña dosis de una droga menor porque se han convertido en adictos en el vientre. Las mujeres que fuman pueden dar a luz a bebés de piel amarillenta que necesitan un olorcillo a tabaco para calmarles y hacerles que dejen de llorar. Ya son adictos. Esos bebés tiene que desengancharse de las drogas al nacer.

Las enfermedades venéreas pueden trasmitirse mediante la sangre al feto, afectando terriblemente a los ojos y otros órganos vitales. Un niño puede nacer con un espíritu de mal genio o un espíritu destructor. El demonio se trasmite literalmente de la mujer al feto mientras aún está en el vientre.

Hace muchos años, se llevó a cabo un experimento. Los hijos de unos padres temerosos de Dios fueron observados para ver cómo les iba en la vida. Sus descendientes se convirtieron en clérigos, abogados, maestros y personas que hicieron una contribución positiva a la sociedad. Los investigadores también observaron a los hijos y los nietos de una familia criminal para establecer comparaciones. Sus descendientes fueron ladrones, pervertidos sexuales, mafiosos y desempleados.

Si su historial familiar es menos que ejemplar, ¿está justificado desesperarse? ¡No! Si usted ha nacido con demonios heredados, ¡puede animarse sabiendo que pueden ser expulsados en el nombre de Jesús!

7. ¿Podría existir algo como un "demonio inactivo" que no se manifestase hasta cierto momento en la vida de una persona?

Creemos que muchos niños nacidos de padres rebeldes o impíos, especialmente quienes han participado en prácticas ocultas prohibidas, ya están plagados de demonios. Estos demonios pueden permanecer inactivos o manifestarse en conductas extrañas solo en ciertos momentos.

Recuerdo que me contaron que oraron por un hombre en una iglesia del norte de Ontario. Uno de los espíritus que se le identificó se llamaba "espíritu de nicotina". Cuando se le confrontó, es espíritu salió por la garganta, acompañado de un fuerte olor a tabaco. Sorprendentemente, ¡el hombre nunca había fumado tabaco!

¿Cómo es posible? Creo que tenía un demonio inactivo, el cual le habría vencido por completo en el momento en que se le hubiera dado la más mínima oportunidad; pero él resistió la tentación.

Veamos un pasaje clave acerca de la tentación y el pecado.

> *Bienaventurado el varón que soporta la tentación; porque cuando haya resistido la prueba, recibirá la corona de vida, que Dios ha prometido a los que le aman. Cuando alguno es tentado, no diga que es tentado de parte de Dios; porque Dios no puede ser tentado por el mal, ni él tienta a nadie; sino que cada uno es tentado, cuando de su propia concupiscencia es atraído y seducido. Entonces la concupiscencia, después que ha concebido, da a luz el pecado; y el pecado, siendo consumado, da a luz la muerte.* (Santiago 1:12–15)

Observemos lo que Santiago dice aquí. Si alguien cede a la tentación, hay una "concepción", que significa "la creación de una nueva vida". Si una persona tiene un demonio inactivo, y cede a la tentación, creo que eso causaría una nueva actividad demoniaca en él o ella, una actividad que, como un feto, crece, se desarrolla y finalmente nace en la vida de esa persona.

El hombre que tenía el "espíritu de nicotina" dentro de él nunca había cedido; pero si no hubiera resistido la tentación de fumar, el hábito de la nicotina se habría desarrollado hasta alcanzar proporciones monstruosas.

Una persona que haya tenido un espíritu inactivo dentro desde el nacimiento, quizá se crió en un hogar cristiano disciplinado y finalmente tomó la decisión de convertirse en un cristiano practicante. Puede que no descubriera a ese demonio hasta muchos años después; pero una vez descubierto, un espíritu inactivo se puede echar fuera.

Incluso después de que una persona haya sido librada de un espíritu conocido y reconocido, es posible que otros espíritus permanezcan escondidos hasta que el Espíritu Santo los saque a la superficie. Entonces será necesaria una segunda sesión de liberación. Una oración imperativa en el nombre de Jesús puede expulsar al espíritu latente.

8. ¿Son algunos demonios más fuertes que otros?

La Biblia enseña que algunos demonios tienen más autoridad que otros. Si varios espíritus están atando a una persona, puede que un "capitán encargado" esté dirigiendo la opresión. Cuando liberamos a un hombre de suicidio, mi esposa y yo tuvimos un fuerte sentimiento de que ese demonio era el "capitán" que permaneció detrás hasta que fueron expulsados todos los demás menores que él.

Algunas personas usan la expresión "espíritu gobernador". Esta expresión está basada en el siguiente versículo:

> *Porque no tenemos lucha contra sangre y carne, sino contra principados, contra potestades, contra los gobernadores de las tinieblas de este siglo, contra huestes espirituales de maldad en las regiones celestes.*
>
> (Efesios 6:12)

Las categorías de demonios mencionados en este versículo son:

1. principados
2. potestades
3. gobernadores de las tinieblas de este siglo
4. maldad en las regiones celestes

Hay dos palabras en el lenguaje griego para demonios que gobiernan naciones. Una es *daimon,* y la otra es *daimonion.* La primera palabra normalmente está asociada a los demonios poderosos. La segunda palabra es un diminutivo que denota rangos inferiores. Quienes enseñan acerca de la existencia de "espíritus gobernadores" basan su enseñanza en este pasaje de Efesios.

De hecho, eso debilita considerablemente la enseñanza, ya que el contexto indica que la autoridad de un "espíritu gobernador" se extiende a gobernadores, reyes, dictadores déspotas o dirigentes. En otras palabras, la obra de un "espíritu gobernador" conlleva el gobierno real de una nación o territorio. Hitler o Stalin no cabe duda de que fueron controlados por tales "espíritus gobernadores".

Aunque ciertos demonios parecen ser más fuertes que otros, probablemente no sea sabio referirse a ningún demonio en la persona promedio como un "espíritu gobernador". Quizá sería más correcto si los creyentes usaran otra palabra como "capitán" o "sargento".

Algunos enseñan que quien ministra liberación primero debe dirigirse a este "espíritu capitán" y echarlo fuera, y luego sus secuaces seguirán mansamente después de que el jefe se haya ido. Sin embargo, debemos recordar que algunas de estas prácticas y métodos se "descubrieron" en un diálogo con los demonios. ¡Cualquier información obtenida de los demonios debería estar abierta a serias dudas!

Yo no recomiendo que intentemos hacer que los demonios hablen y se nombren. Jesús les ordenó, diciendo: "*¡Cállate, y sal de él!*" (Marcos 1:25). Los demonios son todos mentirosos, y usarán las frases más absurdas para confundir a cualquier incauto y a los novatos en este ministerio.

Un demonio, cuando se le reta, podría decir: "Soy el espíritu gobernador", alardeando así de un rango que no tiene, y esa frase podrían recibirla con entusiasmo aquellos que quieren "demostrar" que tienen poder para echar fuera a un verdadero demonio de alto rango.

Yo no recomiendo formar doctrinas basadas en palabras de un espíritu mentiroso. Como norma general, yo no mantengo ningún diálogo con esas entidades inmundas. Yo los desprecio, y usted también debería hacerlo.

9. ¿Es seguro escuchar lo que dicen los demonios?

Aunque algunas personas que practican el ministerio de liberación a menudo se meten en conversaciones con los demonios, yo no encuentro razón para eso. Intentar mantener una conversación con los demonios no es ni bueno ni bíblico.

Una vez, un espíritu maligno voluntariamente nos dio el número correcto de demonios que quedaban en un hombre abatido y suicida, y todos ellos fueron echados fuera con éxito. Pero debemos recordar que Satanás es el padre de mentiras, y sus demonios también son mentirosos. Si usted le pide a un demonio que se identifique, o que le diga cómo entró en la persona, su respuesta probablemente no sea fiable. Esa es la razón por la que no debería usted hablar con ellos.

A veces las personas intentan obligar a un demonio a decir la verdad en el nombre de Jesús; aun así, para los demonios es casi imposible decir la verdad, e intentarán dar rodeos y discutir en vez de decir la verdad.

Además, se nos manda expresamente en la Biblia que no nos comuniquemos con espíritus malignos.

> *No sea hallado en ti quien... practique adivinación, ni agorero, ni sortílego, ni hechicero, ni encantador, ni adivino, ni mago, ni quien consulte a los muertos. Porque es abominación para con Jehová cualquiera que hace estas cosas.* (Deuteronomio 18:10–12)

Las Escrituras nos exhortan a "resistir al diablo", y no a hablar con él (véase Santiago 4:7). No olvide que el Rey Saúl perdió su vida por desobedecer la ley de Dios y buscar información de una adivina poseída por un demonio (véase 1 Samuel 28:7–19).

La práctica de buscar a espíritus familiares (o de los muertos) está condenada en las Escrituras.

Y si os dijeren: Preguntad a los encantadores y a los adivinos, que susurran hablando, responded: ¿No consultará el pueblo a su Dios? ¿Consultará a los muertos por los vivos? (Isaías 8:19–20)

Hablar con demonios es muy peligroso, aunque esté discutiendo con ellos. Los demonios son totalmente irracionales, ¡y usted nunca ganará la discusión!

Nuestra meta es echar fuera demonios rápidamente, no darles lugar, y negarnos a mantener discusiones con ellos. Pedimos una rendición incondicional. Por eso Jesús ordenó a los espíritus que se callaran y salieran. Si un espíritu logra comenzar una discusión, puede retrasar su expulsión.

¿La voz de quién usan los demonios?

Debemos recordar que los demonios son seres espirituales invisibles que no tienen órganos físicos propios. No tienen caja torácica, ni labios, ni boca.

Jesús hizo una declaración muy relevante acerca de la naturaleza de los demonios.

Cuando el espíritu inmundo sale del hombre, anda por lugares secos, buscando reposo, y no lo halla. (Mateo 12:43)

Este versículo parece indicar que todo demonio anhela expresarse a través de un cuerpo físico. Cuando un demonio no puede encontrar un cuerpo que ocupar, no descansa. Los demonios de profanación y obscenidad, por ejemplo, anhelan labios y voces humanas para dar expresión a sus pensamientos blasfemos.

La mayoría de demonios no hablan, pero cuando lo hacen, simplemente usan las cuerdas vocales naturales de la persona cuya voz están controlando. Normalmente, el tono es diferente, no es el tono reconocido de ese individuo, sino un tipo de voz totalmente distinta. Pero cualquiera puede oírla.

Después de muchos años en el ministerio de liberación, hemos descubierto que los demonios no hablan muy a menudo. Simplemente le preguntamos a la persona por su necesidad; después de confesar su pecado, comenzamos a ordenar al demonio que se vaya en nombre de Jesús. Cuando el espíritu sale, la persona que busca liberación suele toser, suspirar o temblar, pero a veces no ocurre ninguna manifestación externa.

Sin embargo, ocasionalmente los demonios discuten con nosotros, se niegan a salir o nos dicen que "cerremos la boca". En casos donde los demonios quieren hablar, yo hago lo que hizo Jesús, quien ordenó: "*¡Cállate, y sal fuera de él!*" (Marcos 1:25).

10

El ministerio de liberación

1. ¿Por qué deben salir los demonios cuando un cristiano da la orden?

¿No es increíble que Jesucristo comparta su autoridad con nosotros? Normalmente no nos cuesta creer que Jesús tiene autoridad sobre los espíritus malignos, pero a veces nos cuesta entender que ahora Él nos haya delegado esa autoridad. Jesús dijo a sus discípulos:

> *Toda potestad me es dada en el cielo y en la tierra. Por tanto, id, y haced discípulos a todas las naciones, bautizándolos en el nombre del Padre, y del Hijo, y del Espíritu Santo.* (Mateo 28:18–19)

De algún modo, no es así como esperábamos que Jesús lo dijera. Sería más natural esperar que dijera: "Toda potestad me es dada en el cielo y en la tierra. Por tanto, *iré...*". Pero eso no es lo que dijo, sino que dijo: "*Toda potestad me es dada.... Por tanto, id*". ¿Por qué dijo eso? Porque Él había recibido poder, y ahora nos lo ha delegado a nosotros.

Si todos los espíritus demoniacos están sometidos a Jesús, entonces también están sometidos al pueblo de Jesús porque tenemos su poder. Cuando Jesús murió en la cruz y vertió su sangre, también despojó a Satanás y a sus demonios de su poder. La Escritura dice: "*Y despojando a los principados y a las potestades, los exhibió públicamente, triunfando sobre ellos en la cruz*" (Colosenses 2:15).

No nos debería sorprender esto. Incluso antes del Calvario, Jesús dio poder a sus discípulos sobre los demonios, ¡y funcionó! Regresaron diciendo: "*Señor, aun los demonios se nos sujetan en tu nombre*" (Lucas 10:17).

En el nombre de Jesús

El nombre de Jesús llevaba una gran autoridad cuando Él caminaba en esta tierra, y hoy somos nosotros los portadores legítimos de su autoridad delegada. Cuando echamos fuera demonios en su nombre, lo hacemos como sus representantes. Ningún demonio puede ignorar la orden de fe dada por un hijo de Dios. Debe obedecer, como si Jesús mismo estuviera hablando.

Después de que los discípulos hubieran expresado su alegría por descubrir este nuevo poder sobre el enemigo, Jesús dijo: "*Yo veía a Satanás caer del cielo como un rayo*" (Lucas 10:18). Aparentemente, Jesús vio la expulsión de los demonios que hicieron sus discípulos como una indicación de que Satanás estaba a punto de ser derrotado en el Calvario y que caería como un rayo sobre la tierra.

Satanás y sus demonios no tienen derechos legales sobre un cristiano. Los demonios deben someterse por completo a cualquier cristiano que conoce y usa su autoridad.

2. ¿Deberían intentar la liberación las personas sin experiencia?

Cualquiera que intente algo nuevo obviamente es un inexperto, pero la experiencia se desarrolla ejercitándola. Yo era totalmente inexperto cuando comencé este ministerio, y lo que he aprendido lo he aprendido a base de golpes.

¿Cómo vamos a ser expertos si no lo intentamos nunca? Nadie ha hecho nada jamás digno de mención en la vida sin cometer errores. Jesús no les dijo a sus discípulos que esperasen hasta que fueran expertos, o hasta que entendieran todos los escollos, sino que les dijo que lo *hicieran*. Ellos lo hicieron y funcionó.

El ministerio de liberación *atrae* a una minoría de personas muy entusiastas pero inmaduras, que se apresuran a hacerlo sin saber lo que está ocurriendo. Los novatos por lo general provocan confusión sin que se produzca liberación. Quizá incomodan un poco al diablo, pero eso es todo.

Como cada vez más personas están practicando el ministerio de la liberación, y como hay disponibles algunos libros muy buenos sobre el tema, siento que los recién llegados deberían comenzar a trabajar con personas con más experiencia. Los novatos deberían humillarse bajo la instrucción de los más experimentados.

Las personas que necesitan liberación a menudo llegan a nuestra sala de oración después de nuestra reunión del domingo. Recientemente observé una situación en la que dos nuevos llegaron e hicieron a un lado de forma un tanto descarada a un anciano más experimentado que estaba ministrando a una joven. Después de decirle que tenía un "demonio de asesinato" procedieron a "expulsarlo" y le dijeron que ella podría haber matado a alguien algún día si ellos no hubieran tenido el "discernimiento".

Orgullo contra humildad

Normalmente, toda liberación debería comenzar con una confesión personal. Los dones genuinos del Espíritu no son sustitutos de la confesión y la renuncia personal. Si una persona aquejada llega para ser liberada de una atadura, él o ella (y no yo) expresará la necesidad concreta. Yo siempre le animo a que me diga, con el lenguaje más sencillo posible, cuál es su necesidad, recordando siempre que la confesión es buena para el alma.

Pecados tales como la actividad homosexual, el adulterio y la fornicación deben ser confesados, así como los "pecados menores". Se deben abandonar en oración. Pedir perdón a Dios es un prerrequisito necesario para recibir liberación de la atadura. Si la persona siente demasiada vergüenza de reconocer sus pecados, no entrará en su liberación de todo corazón. La confesión es terapéutica.

Puede que al novato le resulte más emocionante confiar en los dones del Espíritu para decirle a la persona lo que está mal; pero siempre que ministremos, debemos asegurarnos de que tenemos la mente del Espíritu y no nuestra propia mente, la cual es bastante propensa al error. Todos nosotros hemos oído a personas sinceras decir: "El Señor me lo dijo". Frecuentemente, no es el Espíritu de Dios sino la mente de una persona orgullosa.

Recuerdo a un anciano que anunció que el Señor le había revelado que su cuñada moriría esa misma noche. Eso fue hace quince años. Él mismo murió pocos años después, ¡pero su cuñada aún está viva!

Recientemente oí acerca de otro hombre que declaró que Dios le había revelado que él no moriría hasta que regresara Jesús. Lleva diez años muerto, y Jesús aún no ha regresado. ¿Qué hace a la gente decir esas cosas?

La experiencia cuenta

Regresando a nuestra pregunta, creo que deberíamos permitir a las personas sin experiencia entrar en el ministerio de liberación, pero deberían también estar dispuestas a servir con otras personas más experimentadas.

Veo que los dones del Espíritu sí actúan a través de mí, pero por lo general después de que yo haya comenzado a abordar un problema conocido y confesado. Por seguridad, les pregunto a otras personas presentes si han tenido también la misma revelación en el Espíritu.

Desgraciadamente, algunos evangelistas han rentabilizado su ministerio "poniendo un demonio sobre" una persona para "expulsarlo". Quizá esa persona no tiene ningún conocimiento acerca de la "revelación", pero en fe cree agradecidamente que ha sido liberada de un posible suicidio, asesinato o cáncer, cuando de hecho la idea provino de una entusiasta (no digamos maliciosa) mente humana.

Los que no tienen experiencia en el ministerio de la liberación puede que aviven al demonio y provoquen una alocada actividad, pero después no saben cómo usar su autoridad para echarlo fuera. Muchas veces he tenido que salir al rescate y ordenar a los demonios que dejaran de "actuar" y hacer un espectáculo.

Saber cómo manejar manifestaciones extrañas viene solo mediante la experiencia. Debemos animar a las personas novatas a que obtengan esa experiencia trabajando con cristianos maduros y experimentados que hayan sido usados en el ministerio de liberación.

3. ¿Debería cualquier cristiano intentar echar fuera demonios de otros antes de haber sido bautizado en el Espíritu Santo?

Respondo esta pregunta suponiendo que estamos hablando de recibir la llenura del Espíritu Santo y manifestarla mediante el fluir de glossolalia u "otras lenguas" de nuestro interior.

Debemos recordar que la práctica de la liberación no es algo peculiar de los días después de Pentecostés. Incluso los setenta discípulos lo practicaron, para asombro de ellos (véase Lucas 10:1–20). ¡Estaban operando bajo la autoridad delegada de Cristo aunque el Espíritu Santo aún no había caído sobre ninguno de ellos!

Obviamente, entonces, cualquier cristiano nacido nuevo puede echar fuera demonios. La gran comisión para toda la iglesia comienza con la declaración de que todos los creyentes deberían echar fuera demonios.

> *Y estas señales seguirán a los que creen: En mi nombre echarán fuera demonios; hablarán nuevas lenguas; tomarán en las manos serpientes, y si bebieren cosa mortífera, no les hará daño; sobre los enfermos pondrán sus manos, y sanarán.* (Marcos 16:17–18)

El ministerio de liberación no está restringido a un pequeño grupo selecto, ni siquiera para los llenos del Espíritu, sino para todo miembro activo del cuerpo de Cristo. Naturalmente, ciertas personas se convertirán en líderes y maestros en la liberación y otros ministerios de la iglesia.

No quiero decir con esto que el bautismo en el Espíritu no sea importante. Creo que Jesús quiso que todos los creyentes del Nuevo Testamento no solo hablaran en lenguas, sino que también ejercitaran los otros dones del Espíritu.

Hacer milagros

Echar fuera demonios es equiparable al don de milagros en el siguiente pasaje:

> *Juan le respondió diciendo: Maestro, hemos visto a uno que en tu nombre echaba fuera demonios, pero él no nos sigue; y se lo prohibimos, porque no nos seguía. Pero Jesús dijo: No se lo prohibáis; porque ninguno hay que* ***haga milagro*** *en mi nombre, que luego pueda decir mal de mí.* (Marcos 9:38–39)

Por tanto, cualquier creyente humilde (¡y cuanto más humilde mejor!) *puede* y *debe* echar fuera demonios, y de ese modo hacer un milagro. Si el creyente nacido de nuevo puede hacer tal milagro, ¡entonces mucho mayores serán los milagros cuando esté lleno del Espíritu!

La iglesia ha sido tan débil y frágil que esta enseñanza tan clara podría causar consternación en muchos "líderes" de la iglesia carentes de poder. Preferirían no tener que lidiar con la cada vez mayor actividad demoniaca de nuestros tiempos, sino esconderse tras fórmulas teológicas y sinsentidos dispensacionales. Su razonamiento es que si los milagros no ocurren en su denominación, entonces no deberían, o no pueden, ocurrir en otras.

Cualquier cristiano nacido de nuevo debiera desear todo el poder de Dios que pueda conseguir. El creyente no solo debería ser lleno del Espíritu, sino también debería estar activo en el ministerio de echar fuera demonios, no apartado del cuerpo de Cristo, sino trabajando bajo la guía y dirección de ancianos.

Nadie debería involucrarse en este ministerio a menos que tenga un líder espiritual. Ninguna mujer casada debería entrar en esta esfera sobrenatural si no reconoce a su esposo como su cabeza, o si no intenta tener a sus hijos en sujeción. La liberación es un ministerio poderoso y necesita personas cuyas vidas estén en orden y sometidas a Dios.

4. ¿Es necesario el ayuno para el éxito de la liberación?

No, ayunar no es necesario, pero en ciertas circunstancias puede ser útil. Veamos un pasaje de la Escritura donde se menciona un intento de liberación fallido con una falta de oración y ayuno.

> *Cuando llegaron al gentío, vino a él un hombre que se arrodilló delante de él, diciendo: Señor, ten misericordia de mi hijo, que es lunático, y padece muchísimo; porque muchas veces cae en el fuego, y muchas en el agua. Y lo he traído a tus discípulos, pero no le han podido sanar.... Y reprendió Jesús al demonio, el cual salió del muchacho, y éste quedó sano desde aquella hora. Viniendo*

entonces los discípulos a Jesús, aparte, dijeron: ¿Por qué nosotros no pudimos echarlo fuera? Jesús les dijo: Por vuestra poca fe; porque de cierto os digo, que si tuviereis fe como un grano de mostaza, diréis a este monte: Pásate de aquí allá, y se pasará; y nada os será imposible. Pero este género no sale ***sino con oración y ayuno.***

(Mateo 17:14–16, 18–21)

Esta versión describe al chico con el término *"lunático"* (versículo 15). Independientemente de cuál fuera el término médico actual, el chico frecuentemente se caía al fuego o al agua. Quizá fuese espástico o tuviese ataques epilépticos. Los discípulos oraron lo mejor que pudieron, pero les faltó el poder para obtener los resultados necesarios.

Cuando Jesús *"reprendió...al diablo"*, el demonio que había causado su aflicción salió de él. Los discípulos se avergonzaron y privadamente le preguntaron a Jesús por qué no habían tenido éxito.

¿Ayuno o fe?

Él respondió que su incredulidad fue la causa de su fracaso. No tuvieron la fe necesaria para esa liberación. Tenían miedo. La mayoría de nosotros podemos reaccionar identificándonos con esto. ¡Cuántas veces hemos tenido la misma experiencia!

Jesús dijo que este tipo de demonio sale solo mediante *"oración y ayuno"* (versículo 21). Obtenemos un relato más detallado de la misma historia en Marcos 9. Jesús no echó fuera al demonio hasta que el padre del chico clamó: *"Creo; ayuda mi incredulidad"* (Marcos 9:24), demostrando que *alguien* tenía que creer antes de hacer el milagro.

Esta mención del ayuno es uno de los pocos casos en la Biblia donde una palabra puede haber sido insertada por un monje copista en siglos pasados. Hizo la anotación, probablemente sobre la base de sus propios pensamientos, pero sucesivos copistas lo incorporaron al texto. En la mente de la mayoría de eruditos bíblicos, la verdadera pregunta reside en Mateo 17:21.

Si no prestamos atención a versículo 21, entonces llegamos a la conclusión de que la verdadera razón por la que el demonio no pudo ser expulsado fue la incredulidad de ellos. Para mí, esto parece más razonable que decir que la falta de ayuno fue la razón. Si tuviéramos que ayunar por cada persona que busca liberación hoy día, no tendríamos tiempo o fuerza para orar por las multitudes de personas que están ahora buscando ayuda.

¿Cuál es nuestra motivación?

Unos minutos antes de escribir esto, pasé una hora aconsejando y orando con un alcohólico. El demonio de alcohol fue visiblemente y definitivamente expulsado de él, pero no ayuné para prepararme para esta sesión de liberación. Acababa de tomar una cena ligera. No quiero menospreciar el ayuno. Si una persona está atada y necesita liberación, puede ser una buena idea que realice un leve ayuno, o que se salte una o dos comidas antes de ir a orar.

El ayuno no "retuerce el brazo de Dios" ni se gana la liberación de un Dios "malo", sino que le demuestra al Señor la seriedad y deseo con que la persona acude en busca de sanidad. La oración demuestra que el espíritu del hombre aspira a ser más fuerte que la carne. Negar la carne también debilita el cuerpo contra cualquier resistencia a la expulsión del espíritu que provoca la enfermedad.

Ayunar era algo muy común entre los monjes en la Edad Media. Esta era una obra de supererogación, o de hacer más de lo que la obligación demanda o requiere. En la época de la Reforma, Martin Lutero, junto a cientos de monjes, dejaron su enclaustrada soledad y abandonaron estas prácticas, para entrar en la libertad que Jesús nos da. La persona que practica el ayuno no está atada al legalismo, pero nuestro ayuno debería ser guiado por el Espíritu.

Los discípulos de Jesús recibieron una reprensión en cierta ocasión por no ayunar. Su libertad quedaba en claro contraste con los fariseos que ayunaban a menudo mientras que los discípulos no ayunaban nada. Obviamente, ¡eso fue un simple caso de crítica farisaica a manos de los fariseos! Jesús dijo que ellos no tenían necesidad de ayunar mientras tuvieran al Novio con ellos. Nos podemos preguntar lo siguiente: "¿Tenemos al Novio con nosotros?".

No cabe duda de que ayunar puede estar indicado en ciertas circunstancias cuando alguien está buscando liberación. Sin embargo, en general, no parece haber necesidad de que el cristiano ayune antes de orar por los atados y atormentados.

5. ¿Tienen los cristianos autoridad para enviar a los demonios al pozo del infierno?

Esta es una pregunta muy común, probablemente porque los cristianos esperan que los espíritus ofensores puedan ser destinados a algún tipo de "basurero", para que no vuelvan a molestar más. Muchas personas también han preguntado dónde van los demonios cuando son expulsados. Intentaré responder ambas preguntas.

Ningún versículo de la Escritura nos dice que enviemos a los demonios al pozo del infierno. De hecho, parece que es lo contrario. En la historia del endemoniado gadareno, los demonios suplicaban ser enviados a una piara de cerdos cercana porque temían que Jesús les atormentara antes de tiempo (véase Mateo 8:28–34).

Podemos deducir que el tormento final de los demonios es echarles al abismo, o el "infierno más hondo". Los demonios sabían que el infierno estaba preparado para *"el diablo y sus ángeles"* (Mateo 25:41), pero mientras estaban en el endemoniado, estaban a salvo del infierno. Cuando los demonios reconocieron a Jesús, temieron encontrarse con su último destino y pidieron la siguiente mejor alternativa, que era ir a los cerdos. ¡Los cerdos se despeñaron por un precipicio en el mar y se ahogaron! Los demonios deberían haber sido más listos, pero esto demuestra lo estúpidos que realmente son.

Según las Escrituras, el destino de Satanás y sus demonios está sellado.

> *Y el diablo que los engañaba fue lanzado en el lago de fuego y azufre, donde estaban la bestia y el falso profeta; y serán atormentados día y noche por los siglos de los siglos.* (Apocalipsis 20:10)

Hasta este acto final de Jesús, los demonios tienen cierto derecho "legal" a habitar este planeta. Mientras estén aquí, siempre intentarán buscar el cuerpo de un hombre o un animal como vehículo para manifestar su naturaleza malvada y viciada. Por eso los demonios habitan la tierra.

La tierra siempre ha sido dominio de Satanás (incluso antes de su caída), y aún la reclama como su reino. Por eso, cuando Satanás tentó a Jesús, le mostró todos los reinos del mundo en un momento, y dijo:

> *A ti te daré toda esta potestad, y la gloria de ellos;* ***porque a mí me ha sido entregada, y a quien quiero la doy.*** (Lucas 4:6)

El apóstol Pablo también hizo alusión a Satanás como "*el dios de este siglo*" (2 Corintios 4:4).

Los demonios de locura que salieron del endemoniado gadareno sabían que se enfrentaban a un destino horrible, incluso aunque no fueran enviados inmediatamente al infierno. Jesús enseñó a sus discípulos lo que ocurría una vez que un espíritu inmundo era expulsado de una persona.

> *Cuando el espíritu inmundo sale del hombre, anda por lugares secos, buscando reposo; y no hallándolo, dice: Volveré a mi casa de donde salí.* (Lucas 11:24)

Los demonios se verían obligados a vagar, intentando volver a entrar en el cuerpo del que habían sido expulsados, o habitar otro cuerpo.

Los espíritus, cuando se ven forzados a salir de un cuerpo por la muerte de esa persona, a veces se han aferrado al edificio y lo han ocupado. Los miembros de la familia y visitantes quizá han oído o visto apariciones o han sentido su presencia.

Una familia cristiana se mudó a una de tales casas en Oshawa, Ontario, hace algunos años, y los espíritus subían y bajaban por las escaleras, abriendo y cerrando puertas, hasta que el nuevo propietario me llamó para echarlos. Lo hicimos en una media hora invocando audiblemente la sangre de Jesús sobre cada habitación y armario, y luego ordenándoles en voz alta que se fueran en el nombre de Jesús, lo cual hicieron. No volvieron a experimentar más problemas.

¿Dónde van estos demonios? Bueno, ¡se van para encontrar otra persona en la que habitar! Mientras los demonios puedan vivir en un ser humano, están contentos; adoptarán medidas extremas para seducir a una persona a pecar. Satanás tentó a Judas Iscariote para que entregase a Jesús por dinero, y después entró en él. Primero la tentación, después vencer a la persona, la cual es atada hasta que sea liberada mediante la oración.

Toda la extraña enseñanza de los "planos astrales" que se enseña entre los espiritistas, las "siete etapas" donde van los seres humanos cuando mueren, está basada en el hecho de que los demonios realmente se quedan cerca de esta tierra, quizá en grados o planos, pero "vinculados a la tierra".

Esta doctrina, creída tan implícitamente por los nigromantes (quienes se comunican con los muertos), procede de los demonios. En el infierno, los demonios nunca volverán a tener cuerpos humanos en los que habitar y manifestarse. Imagínese un demonio de sexo sin un cuerpo que usar en el infierno. ¡Eso *será* el infierno para el demonio!

Un ser humano que es dirigido por ese demonio y nunca se arrepintió tendrá que hacer frente a una eternidad horrible.

> *Pero los cobardes e incrédulos, los abominables y homicidas, los fornicarios y hechiceros, los idólatras y todos los mentirosos* ***tendrán su parte*** *en el lago que arde con fuego y azufre, que es la muerte segunda.*
>
> (Apocalipsis 21:8)

Este lugar o pozo no estaba preparado para los seres humanos, sino para el diablo y sus ángeles. Pero si algún ser humano insiste en permitir que uno de estos espíritus gobierne su vida, irá *junto con los demonios* al mismo lugar. ¿Vale la pena?

Jesús ofreció perdón y liberación al alma atormentada que cayó a sus pies. Cristo liberó al endemoniado gadareno para que viviera con un gozo santo en esta vida y para disfrutar de las glorias del cielo al morir. Podría haber ido al infierno, pero se arrepintió de sus pecados y de su penosa condición. Los demonios irán al infierno, pero no el endemoniado. Ya no está atado por los demonios, sino que es un hijo de Dios para siempre.

6. ¿Qué quiso decir el apóstol Pablo cuando escribió: "*Dios... aplastará en breve a Satanás bajo vuestros pies*"?

El término "*en breve*" significa "con rapidez". El apóstol Pablo enseñó a los romanos que debían esperar pisotear rápidamente la cabeza de Satanás, como David rápidamente decapitó a Goliat después de robarle su propia espada. Jesús, el cumplimiento de David, arrebató la terrible "espada" de Satanás (la cual habla de su palabra mentirosa), y puso otra "espada" en nuestra boca, que es la Palabra de Dios.

Después de la caída, Dios profetizó que la simiente de la mujer aplastaría la cabeza de la serpiente (véase Génesis 3:15). El apóstol Pablo usó esta metáfora de esa antigua profecía. Todos los cristianos pueden ejercer su autoridad en Cristo y poner su pie en el cuello del enemigo derrotado (aunque aún no muerto), Satanás, y despojarle de su poder.

No solo Jesús (la simiente de la mujer) aplastó la cabeza de Satanás, sino que se espera de nosotros, que somos la simiente de la novia virgen (la iglesia), que aplastemos la cabeza de Satanás pisoteando encima de ella diariamente en el nombre de Jesús.

Los cristianos debieran afirmar la siguiente promesa:

> *Sobre el león y el áspid pisarás; hollarás al cachorro del león y al dragón.* (Salmos 91:13)

Muy pocos lo han intentado. No cabe duda de que las personas en la iglesia en Roma también tenían miedo, pero el apóstol Pablo les prometió que sin duda pisotearían a Satanás bajo sus pies como un ejercicio diario y normal de su fe.

Obviamente, si Satanás y sus demonios están bajo nuestros pies, no pueden atacar nuestra mente o cuerpo. Es la única posición espiritualmente saludable para un cristiano. Tengamos cuidado, en nuestra timidez o temor, de no depender de que otra persona le pisotee por nosotros. No hay una provisión bíblica para esto. Otro cristiano puede echar fuera un demonio de su vida, pero usted debe poner su pie sobre él. Si no lo hace, ¡quizá intente atacarle de nuevo!

Por esta razón Jesús le advirtió a un hombre que había sido sanado de su parálisis: *"No peques más, para que no te venga alguna cosa peor"* (Juan 5:14).

El significado completo de Romanos 16:20 lo tenemos dramatizado en Josué 10, cuando los cinco reyes que se decidieron a destruir a los gabaonitas fueron ellos mismos destruidos. Gabaón había visto al ejército israelita que avanzaba destruir Hai y Jericó, y por eso decidieron sabiamente rendirse a Israel y aceptar el liderazgo y la protección de Josué.

Después, a medida que Josué avanzaba rápidamente para defender a los gabaonitas de los cinco reyes, Dios envió granizo para matar a los ejércitos de esos reyes. Cuando los reyes vieron que la batalla estaba perdida, huyeron y se escondieron en una cueva, la cual se convertiría en su tumba.

> *Y cuando los hubieron llevado a Josué, llamó Josué a todos los varones de Israel, y dijo a los principales de la gente de guerra que habían venido con él: Acercaos, y poned vuestros pies sobre los cuellos de estos reyes. Y ellos se acercaron y pusieron sus pies sobre los cuellos de ellos. Y Josué les dijo: No temáis, ni os atemoricéis; sed fuertes y valientes, porque así hará Jehová a todos vuestros enemigos contra los cuales peleáis.* (Josué 10:24–25)

Entonces, Josué mismo les golpeó y les mató, y les colgó de cinco árboles. Al anochecer les bajaron de los árboles, arrojaron sus cuerpos nuevamente a la cueva, y la taparon con grandes piedras.

En el ámbito espiritual, Dios quiere que sus hijos hagan frente a cualquier ataque demoniaco que pudiera lanzarse contra ellos, ya sea en forma de desesperación, vergüenza, enfermedad, pobreza o hambruna. Las fuerzas demoniacas buscan constantemente oprimirnos. Nunca debemos huir de ellas, sino hacerles frente y poner nuestros pies encima del problema.

7. ¿No se debería hacer la liberación en privado, lejos de los ojos de personas que quizá no lo entiendan?

Obviamente, la mejor manera de tratar con cada individuo sería llevarle a una habitación privada y aconsejarle. Esto también crea la oportunidad de permitir que el Espíritu de Dios nos ayude a entender los problemas de esa persona. Después del tiempo de consejería y de escucharles, podemos acordar con ellos hacer la oración de liberación. Los espíritus malignos pronto serán expulsados, y no marca ninguna diferencia si son ruidosos o tranquilos.

Obviamente, lo ideal y lo que ocurre en realidad a menudo son dos mundos distintos. ¿Qué hacer cuando nos vemos ante una situación similar a la que vivió Felipe?

> *Entonces Felipe, descendiendo a la ciudad de Samaria, les predicaba a Cristo. Y la gente, unánime, escuchaba atentamente las cosas que decía Felipe, oyendo y viendo las señales que hacía. Porque de muchos que tenían espíritus inmundos, salían éstos dando grandes voces; y muchos paralíticos y cojos eran sanados.* (Hechos 8:5–7)

Felipe estaba al aire libre, y mientras predicaba a Cristo a las personas, los demonios comenzaban a reaccionar de forma muy ruidosa.

¿Qué debía haber hecho? ¿Debía haberles llevado a una sala en el ayuntamiento? ¿Debía haberles dicho que guardaran silencio? ¿Debía haber llevado a cada uno por separado para darles consejería de oración? Obviamente, eso no era posible, y por eso fue necesario realizar un servicio de liberación masiva.

Vivimos tiempos en que quizá nos encontremos con una cantidad de actividad demoniaca tan grande que no podamos hacer otra cosa sino estar de pie junto al micrófono y reprender públicamente a cada espíritu invasor en ese lugar, atándoles y ordenándoles que salgan. He estado en servicios donde he tenido que tratar con cientos de casos al mismo tiempo.

He conocido algunas personas que piensan que es algo terrible hacerlo en un lugar público, pero ¿cuál es nuestra alternativa cuando cientos están buscando alivio de la opresión? En muchos lugares, no es posible tratar con los individuos de forma privada porque hay muchos que están buscando liberación.

En nuestra iglesia en Scarborough, Ontario, hemos intentado lidiar con este problema. El pastor asistente, los ancianos y obreros entrenados se juntan en nuestra sala de oración después del servicio de la tarde. Algunas personas reciben consejería mientras otros confiesan sus necesidades de manera privada. Después les guiamos a que renuncien a sus pecados y accedan a deshacerse de ellos para siempre.

Después de esto, reprendemos abiertamente a los demonios en el nombre de Jesús, mientras los obreros se reúnen y oran en grupos con cada individuo. Yo superviso y ayudo en casos donde puedan surgir dificultades o donde los demonios sean tercos y quieran hacer un espectáculo. Las personas son liberadas y llenas del Espíritu Santo durante esos tiempos de ministerio cada domingo en la tarde.

No conozco ninguna otra forma de evitar la posible confusión que pudiera surgir en un servicio de liberación público. Si no hay obreros entrenados, entonces nos vemos forzados a manejar el asunto como podamos. La liberación no es un extra a la predicación del evangelio, sino el centro mismo del evangelio.

Jesús vino para destruir las obras del diablo y liberar a los cautivos. Si las personas permanecen atadas en nuestras iglesias, entonces no estamos cumpliendo la gran comisión. Jesús dijo que estas señales seguirán a los que creen en Él: *"En mi nombre echarán fuera demonios"* (Marcos 16:17).

8. ¿Es necesario pasar horas intentando liberar a una persona de los demonios?

En nuestras primeras experiencias con la liberación, a veces nos atrapaban demonios listos para que pasáramos mucho tiempo y empleáramos mucha energía intentando expulsar a los recalcitrantes espíritus. Algunas personas se han agotado al estar toda la noche en pie pero sin conseguir una liberación total para la persona afligida. ¡Satanás sabe cómo agotar a los santos!

A veces, sin embargo, hay razones para sesiones de liberación excesivamente largas. Si una persona está buscando liberación por motivos erróneos, a menudo vemos que es difícil echar a los demonios. Debemos reconocer que los demonios afirman tener un "derecho legal" a ocupar a una persona que les ha dado lugar y que no quiere servir totalmente al Señor.

Alguien puede incomodar a un demonio y crear una gran actividad pero fracasar a la hora de echarle fuera de la persona. Lo único que hacemos es tambalearle pero no echarle. Puede que un demonio juegue con nosotros y monte un espectáculo durante horas para que creamos que estamos llegando a algún lugar. Cuando me encuentro con esta situación, inmediatamente tomo el control, le ordeno al espíritu que se calle y que salga de inmediato. Por lo general lo hace.

¿Preparado y dispuesto?

Antes de empezar la oración de liberación, vea si realmente la persona que está atada quiere o no servir al Señor. Descubra si hay algún pecado conocido que no haya sido confesado. La persona debería pedir perdón por sus pecados o debilidades que permitieron que el espíritu entrara en un principio.

Las sesiones largas y agotadoras no son bíblicas. Si yo no empiezo a obtener resultados positivos en pocos minutos, me detendré e intentaré descubrir si la persona está siendo sincera o no.

En un caso, una mujer nos dijo a mi mujer y a mí que era lesbiana. Le pedimos que buscara el perdón del Señor y abandonara este pecado, el cual está muy condenado en las Escrituras. Para nuestro asombro, ella admitió que no estaba segura de poder hacerlo, ya que sentía que la experiencia era bastante bonita. Esta mujer quería ser libre del aguijón de su pecado, pero no quería abandonarlo. No hay cantidad de oración suficiente que hubiera expulsado a ese espíritu inmundo. El demonio tenía derecho a estar ahí y manifestar su naturaleza impura.

Cuando una persona está preparada y dispuesta, el tiempo de la oración puede ser muy estimulante; pero cuando está presente la indisposición, puede acabar con sus fuerzas porque estará usted luchando una batalla imposible.

También debemos recordar que puede que necesitemos más tiempo si una persona tiene más de un demonio. Incluso después de que una persona haya sido liberada de un espíritu, podría aparecer otro, y quizá necesite una segunda o tercera sesión, ¡o incluso más en algunos casos!

9. ¿Deben los cristianos obligar a los demonios a nombrarse antes de salir?

Primero habría que hacer una pregunta aún más básica, y es: ¿podemos confiar en que los demonios dirán la verdad? Si tiene que llamar a un demonio por su nombre para expulsarle, el demonio podría quedarse mucho tiempo al darle un nombre falso tras otro.

Soy consciente de que hay muchas personas sinceras que sienten que esta es la forma correcta de tratarlo. Esas personas no intentan echar fuera ningún demonio si primero no conocen su nombre. Esta idea está basada en un incidente en la vida de Jesús: su encuentro con el endemoniado gadareno.

El incidente está narrado en tres de los Evangelios, pero será suficiente con que leamos la versión de Lucas. Después de que Jesús hubiera ordenado al espíritu inmundo que saliera del hombre, el siguiente versículo dice: "*Y le preguntó Jesús, diciendo: ¿Cómo te llamas? Y él dijo: Legión. Porque muchos demonios habían entrado en él*" (Lucas 8:30).

Sí *dice* que Jesús le preguntó al demonio cuál era su nombre, ¿cierto? Pero vuelva a leerlo. Yo no creo que sea así. Observará que siempre que Lucas se refiere al *hombre*, usa el pronombre "él" o "le". Lea con atención el siguiente pasaje:

> ***Este*** [el hombre], *al ver a Jesús, lanzó un gran grito, y postrándose a sus pies exclamó a gran voz: ¿Qué tienes conmigo, Jesús, Hijo del Dios Altísimo? Te ruego que no me atormentes.* (Lucas 8:28)

Pero cuando Lucas se refiere a los demonios, usa el pronombre plural "ellos". Siga leyendo en el mismo pasaje.

> *Y le rogaban* [los demonios] *que no* ***los*** *mandase ir al abismo.* (Lucas 8:31)

¿Qué deberíamos pensar? Bueno, simplemente que cuando Jesús *le* preguntó "¿Cómo te llamas?", le estaba preguntando al *hombre*, no a los demonios. Y fue el *hombre* el que dijo que su nombre era Legión, porque aparentemente *sabía* que estaba lleno de demonios.

Como la Biblia no nos dice en ningún otro lugar que preguntemos *nada* a los demonios, concluyo que no tenemos base bíblica para preguntar a los demonios sus nombres.

En mi propio ministerio, no he visto que sea necesario conseguir ningún tipo de información de los demonios. Sin embargo, frecuentemente, el Espíritu de Dios revelará mediante una palabra de conocimiento el nombre y naturaleza del demonio, y entonces lo expulsamos antes de que tenga oportunidad alguna de mentir.

10. ¿Son expulsados los demonios siempre por la boca?

En el ministerio de liberación ha surgido la creencia de que los demonios deben siempre ser expulsados por la boca. Aparentemente, esta conclusión está basada, en parte, en los varios casos de liberación que hay en la Biblia donde las personas gritaron a gran voz, y en parte en las experiencias de personas que han sentido náuseas durante la liberación y de hecho han vomitado sustancias extrañas.

Aunque muchos demonios *son* expulsados con esas manifestaciones (y no debemos alarmarnos si eso ocurre), la experiencia muestra que bajo ningún concepto debemos esperar que eso sea lo que ocurra siempre. (¡No me imagino a nadie que *desee* ver tales cosas!).

Con el aumento de este ministerio, estamos aprendiendo a proceder con cada caso individualmente, sin ideas preconcebidas acerca de lo que ocurrirá. Muchos demonios salen sin manifestaciones visibles, aunque en tales casos, normalmente tenemos un fuerte convencimiento interno de que el demonio se ha ido. La persona involucrada también recibe una profunda paz, y su tormento desaparece.

Creo que deberíamos hacer todo lo posible para *detener* cualquier manifestación demoniaca desagradable. Algunas son inevitables, me consta, pero ciertamente no deberíamos animar a los demonios a hacer un espectáculo. Algunas personas han pedido erróneamente al demonio que se manifieste. ¡Yo le digo que se calle y salga!

11. He escuchado que a veces ocurren manifestaciones desagradables durante la liberación. ¿Cuáles son? ¿Son necesarias?

Quiero advertir en contra de cualquier enseñanza que pudiera hacer que las personas afligidas o atormentadas esperen encontrarse con algo desagradable y, por tanto, quisieran alejarse de esa liberación que tanto necesitan. Si piensa que está usted plagado de demonios, ¡no deje que *nada* le aparte de deshacerse de lo que le molesta! Si el proceso se volviera desagradable, recuerde que las operaciones de hospital también son desagradables, ¡pero con frecuencia muy necesarias!

En mi propio ministerio, he podido echar fuera demonios sin ser apenas desagradable. Al atar a los demonios en el nombre de Jesús y ordenar al espíritu que se calle y salga, normalmente veo muy poca manifestación externa.

Pero hay excepciones. En algunos casos, la persona puede temblar durante unos segundos o algo más; esto es indicativo, por lo general, de que el demonio no está dispuesto a salir. En otros casos, la persona quizá se caiga al piso.

Esto es lo que ocurrió cuando un niño atado por un espíritu mudo fue llevado a Jesús.

> *Y se lo trajeron; y cuando el espíritu vio a Jesús, sacudió con violencia al muchacho, quien cayendo en tierra se revolcaba, echando espumarajos.* (Marcos 9:20)

Aparentemente, el niño sufría de un caso de epilepsia provocado por la opresión demoniaca. Jesús reprendió a este espíritu inmundo, diciendo:

> *Espíritu mudo y sordo, yo te mando, sal de él, y no entres más en él.* (Marcos 9:25)

En otros casos, echar fuera el demonio puede quedar evidenciado por lloro, clamor o incluso gritos.

> *Entonces el espíritu, **clamando** y sacudiéndole con violencia, salió.* (Marcos 9:26)

> *Pero Jesús le reprendió, diciendo: ¡Cállate, y sal de él! Y el espíritu inmundo, sacudiéndole con violencia, y **clamando a gran voz**, salió de él.* (Marcos 1:25–26)

No obstante, que nadie piense que la persona *debe* clamar o gritar para recibir liberación. Tales manifestaciones están causadas por el demonios saliente, que ciertamente no necesita que le ayuden para expresarse. Pero a veces, a pesar de los esfuerzos de la persona por impedir que sea desagradable, aun así ocurre.

Algunas veces, nos encontramos casos extremos en los que el demonios saliente provoca una tos violenta, nauseas o vómitos. No debemos apartarnos asombrados o avergonzados de la persona por la que estamos orando si eso ocurre, sino presionar en nuestras órdenes hasta que salgan todos los espíritus.

12. ¿Por qué algunas personas experimentan solo una liberación parcial cuando se expulsa a los demonios?

La gente no es liberada totalmente por varias razones. En primer lugar, Dios libra a una persona solo hasta el "techo" de su confesión. Si varios demonios están presentes y solo se confiesa uno, es muy probable que solo sea expulsado ese demonio. Cuando oro por una persona, el Espíritu Santo a menudo revela otro tipo de demonio; cuando se nombra a ese demonio y se le reta, a menudo reacciona repentinamente y sale.

A veces, las personas no son libres del todo porque no son conscientes de todas las áreas en su vida que necesitan liberación. El Espíritu Santo puede revelar gradualmente sus áreas de necesidad en un periodo de días o semanas. Por otro lado, a veces podemos descubrir qué demonios están presentes mediante una palabra de conocimiento.

Otra razón por la que la liberación completa elude a algunas personas es porque su propia fe es débil, o puede que estén bastante inseguros del ministerio de liberación en general. Por temor, puede que no cooperen del todo.

Si tenemos éxito en desalojar a un espíritu después de una fuerte batalla, entonces animamos a la persona a irse a casa y pedirle a Dios que le revele cualquier otra área donde pueda ser necesaria ayuda. De esta forma, se afianza su fe, y coopera más. Puede que se produzcan mejores resultados en una segunda o tercera sesión que en la primera.

Puede haber multitud de razones más para la liberación parcial. A veces, a medida que crecemos en gracia descubrimos que comienzan a aparecer debilidades latentes cada vez más. Un mal genio o celos, que no nos habían causado muchos problemas en el pasado, puede que comiencen ahora a dificultar nuestra vida cristiana. Esa ha sido mi propia experiencia, pero cuando pedí oración, el espíritu se fue y nunca regresó.

Someterse los unos a los otros

Muchos de nosotros quizá necesitemos pedir a un hermano o hermana que ore por nosotros. Cuando nos humillamos y nos sometemos los unos a los otros, Dios obra poderosamente en nuestras vidas. Confesar nuestro pecado y pedir oración puede resultar muy difícil, pero la humildad podría ser la clave para una liberación y sanidad más completas. "*Confesaos vuestras ofensas unos a otros, y orad unos por otros, para que seáis sanados*" (Santiago 5:16).

Si una persona bien intencionada se acerca a mí y dice: "Hermano Whyte, el Señor me ha mostrado que usted tiene un espíritu de __________ y que necesita ser liberado", yo no le catalogo de "loco". Gustosamente me someto, diciendo: "Muy bien, entonces ore por mí para que sea liberado". Si su "discernimiento" es falso (podría estar causado por un celo sin conocimiento), entonces se retirará. Pero si está guiado por Dios, nuestros espíritus darán testimonio de su verdad. Deberíamos someternos gustosamente a la oración.

En una reunión de ministros carismáticos en 1973, un humilde clérigo episcopal me pidió que orase por su mal genio. Me aparte con él, y oramos juntos; lloró de gozo cuando el espíritu maligno se fue.

Sometérnos unos a otros saca de nosotros todo orgullo. Dios está buscando personas con un espíritu contrito y humillado a quienes pueda usar para liberar a otros de la opresión.

13. Si un cristiano ha sido liberado de un demonio, ¿hay alguna garantía de que ese demonio no regresará?

Creo que la respuesta a esta pregunta se resume en un asunto de dominio propio. Desgraciadamente, muchas personas que han experimentado liberaciones verdaderas regresan a sus antiguos caminos debido al desánimo, la presión de familiares o incluso problemas laborales. El peligro de volver a caer después de una liberación es muy real, y si ocurre, el diablo por lo general se hace más fuerte la segunda vez.

El siguiente pasaje de las Escrituras apoya esta idea:

> *Cuando el espíritu inmundo sale del hombre, anda por lugares secos, buscando reposo, y no lo halla. Entonces dice: Volveré a mi casa de donde salí; y cuando llega, la halla desocupada, barrida y adornada. Entonces va, y toma consigo otros siete espíritus peores que él, y entrados, moran allí; y el postrer estado de aquel hombre viene a ser peor que el primero.* (Mateo 12:43–45)

Esta enseñanza de Jesús debería ser motivación suficiente para mantener a todos los cristianos "limpiados" siguiendo de cerca al Señor en sus vidas y en su adoración.

Pedro también lo dijo de manera muy clara:

> *Ciertamente, si habiéndose ellos escapado de las contaminaciones del mundo, por el conocimiento del Señor y*

> *Salvador Jesucristo, enredándose otra vez en ellas* ***son vencidos****, su postrer estado viene a ser peor que el primero.* (2 Pedro 2:20)

En el versículo 22, Pedro asemeja esta conducta a un perro que regresa a lamer su vómito. ¡Una analogía un tanto asquerosa!

En mi ministerio, me he encontrado con unas cuantas personas que han sido liberadas y que han regresado a sus propios caminos. Finalmente, sus problemas fueron peores que antes de la liberación. Tenemos que entender que la tentación es muy real, incluso después de la liberación, pero el diablo no es más fuerte que Jesús. No tenemos que dar lugar a Satanás.

La experiencia me ha enseñado que en ningún momento en mi caminar cristiano estoy en el nivel máximo de madurez y perfección. Siempre hay espacio para más de Jesús; siempre hay lugares más hondos en mi espíritu que la presencia de Jesús tiene que limpiar e invadir. Como esto es cierto, está la posibilidad siempre presente de que los demonios puedan obtener control (o mantener control) de algún área de mi vida.

Mantenernos en el amor de Dios, bajo la sangre de Jesús, y limpios de la contaminación del mundo impedirá que un espíritu maligno regrese. Esta fue la recomendación de Juan (véase 1 Juan 5:18). Cualquier cristiano nacido nuevo puede hacer esto.

11

Objeciones a la liberación

1. ¿No es peligroso echar fuera demonios?

Posiblemente. ¡Conducir un auto en una autopista moderna también puede ser peligroso si usted pasa por alto las reglas!

Debemos recordar que el tipo de cristianismo del Nuevo Testamento que enseñó el apóstol Pablo no se practica en muchas de nuestras iglesias hoy día. Pablo exhortó a la iglesia primitiva a ser soldados, metidos en la armadura de protección, con una espada y un escudo en sus manos, batallando contra fuerzas demoniacas monstruosas llamadas principados, fortalezas, gobernadores de las tinieblas y huestes espirituales de maldad.

> *Por lo demás, hermanos míos, fortaleceos en el Señor, y en el poder de su fuerza. Vestíos de toda la armadura de Dios, para que podáis estar firmes contra las asechanzas del diablo.* (Efesios 6:10–11)

Pues aunque andamos en la carne, no militamos según la carne; porque las armas de nuestra milicia no son carnales, sino poderosas en Dios para la destrucción de fortalezas. (2 Corintios 10:3–4)

¡Qué recursos para cristianos comunes! ¿Por qué eran necesarias estas armas espirituales para los primeros creyentes? Porque sus enemigos eran espíritus demoniacos poderosos que controlaban naciones y organizaciones de hombres, gobernadores malvados en los lugares oscuros de la tierra y un gran número de espíritus malignos que intentaban molestarles diariamente.

La protección de la sangre

¿Es peligrosa la guerra? ¡Solo si está usted mal equipado! Si nuestra armadura no la llevamos adecuadamente, habrá aperturas, y Satanás disparará sus dardos de fuego a través de ellas. Si no tenemos el escudo de la fe en el ángulo correcto, no servirá de nada. Si no estamos familiarizados con la espada del Espíritu, que es la Palabra de Dios, entonces no tenemos un arma ofensiva. ¡Somos presa fácil!

Dios no solo nos ha dado una armadura protectora impermeable a los ataques de Satanás, sino que también nos ha dado la sangre de su Hijo. No puedo recomendar más encarecidamente que quienes entren en esta batalla deliberadamente deben cubrirse mediante la fe en la sangre de Jesús. Satanás no puede atravesar la línea de sangre, pero depende de nosotros ponerla en su lugar.

Antes de que Dios liberara los hijos de Israel de la esclavitud de Egipto, hubo que rociar con la sangre de corderos los dinteles y postes de todos los hogares israelitas antes de que el ángel de la muerte pasara por delante. Si no se había usado la sangre, la muerte sacudiría al primogénito de cada familia (véase Éxodo 12).

Obviamente, Satanás lanzará un contraataque cuando vea que usted puede llegar a ser molesto para él. Pero es mejor entrar y ganar que sentarse a un lado y perder. La mejor forma de defensa es el ataque. Por eso nos dice Jesús:

> *He aquí os doy potestad de hollar serpientes y escorpiones, y sobre toda fuerza del enemigo, y nada os dañará.*
> (Lucas 10:19)

¿Qué de la imposición de manos?

Ha habido una objeción muy común a la imposición de manos en relación con la liberación. Muchos han dicho que no deberíamos imponer manos sobre nadie con un espíritu maligno, ¡para que no entre en nosotros!

Esto podría tener algo de sentido común, especialmente en casos donde la persona afligida está oprimida hasta el punto de la demencia y violencia; pero no creo que exista el peligro de que el demonio "rebote" o que el espíritu inmundo pueda entrar en nosotros mediante la imposición de manos. El poder de Espíritu Santo en nosotros es infinitamente mayor que el poder de Satanás.

Yo, por lo general, comienzo las sesiones de liberación orando por la persona sin imponer mis manos sobre ella. Si la persona comienza a mostrar signos de angustia, entonces uso la imposición de manos para que la fuerza del Espíritu Santo repose sobre ella. A menudo pienso en esto como algo similar a conectar un cargador de batería a los terminales de una batería descargada. El poder del Espíritu Santo fluye en la persona oprimida por el demonio y ayuda a expulsar al espíritu maligno.

Si no tiene experiencia ni seguridad en este asunto de la liberación, entonces le sugiero que no imponga sus manos. Mejor espere hasta que tenga algo de experiencia.

Para los que pelean bajo la sangre sin temor, no hay ningún peligro. Satanás y sus demonios están en peligro. Jesús los conquistó en el Calvario. Con millones de personas esperando a ser liberadas, levantémonos, pongámonos nuestra armadura y comencemos a luchar contra Satanás.

2. ¿No deberíamos predicar el evangelio y no preocuparnos por el ministerio de liberación?

Esta es la pregunta favorita para aquellos que no entienden. La Biblia dice que Israel limitó a Dios por su incredulidad:

> *Y volvían, y tentaban a Dios, y* ***provocaban*** *al Santo de Israel.* (Salmos 78:41)

Creían tanto en Dios como les conviniese en su manera de vivir. Muchas de tales personas llenan tanto el púlpito como los bancos de nuestras iglesias en la actualidad. Para ellos, el evangelio de la salvación está *limitado* a Juan 3:16.

Ahora bien, ¡no crea que estoy poniendo objeciones a los sermones que se predican acerca de Juan 3:16! Todo pecador necesita nacer de nuevo y creer en el Señor Jesucristo para salvación, pero la iglesia ha recibido la comisión de hacer algo más que predicar Juan 3:16. ¿Qué instrucciones se nos dan junto con la gran comisión?

> *Id por todo el mundo y predicad el evangelio a toda criatura. El que creyere y fuere bautizado, será salvo; mas el que no creyere, será condenado. Y estas señales seguirán a los que creen: En mi nombre* ***echarán fuera demonios;***

> ***hablarán nuevas lenguas... sobre los enfermos pondrán sus manos,*** *y sanarán.* (Marcos 16:15–18)

Jesús equipó a sus doce discípulos y después a los setenta con mucho más que una simple proclamación del evangelio cuando les envió.

> *Habiendo reunido a sus doce discípulos, les dio poder y autoridad sobre todos los demonios, y para sanar enfermedades. Y los envió a predicar el reino de Dios, y a sanar a los enfermos.* (Lucas 9:1–2)

> *Después de estas cosas, designó el Señor también a otros setenta, a quienes envió de dos en dos delante de él a toda ciudad y lugar adonde él había de ir... Volvieron los setenta con gozo, diciendo: Señor, aun los demonios se nos sujetan en tu nombre.* (Lucas 10:1, 17)

Cristo delegó toda la autoridad a sus seguidores para echar fuera demonios. Esta es la primera señal que Jesús mencionó que sería dada para demostrar la autenticidad de un cristianismo genuino.

Felipe el evangelista, como no predicó a un Cristo limitado, vio a Dios confirmar su Palabra con señales subsiguientes.

> *Entonces Felipe, descendiendo a la ciudad de Samaria, les predicaba a Cristo. Y la gente, unánime, escuchaba atentamente las cosas que decía Felipe, oyendo y viendo las señales que hacía. Porque de muchos que tenían espíritus inmundos, salían éstos dando grandes voces; y muchos paralíticos y cojos eran sanados.*
>
> (Hechos 8:5–7)

Si un clérigo minimiza alguna parte del plan de salvación, está malvendiendo a su congregación el significado de la salvación. En el griego del Nuevo Testamento, salvación significa "ser sanado" o "ser liberado". La salvación del Señor significa bienestar para el espíritu, alma y cuerpo del hombre.

Predicar el evangelio completo

Una vez hablé en una estación de radio de Toronto acerca de los milagros de alargamiento de piernas y enderezamiento de columnas torcidas que Dios había hecho entre nosotros. Tras oír cómo Dios tocó casos concretos milagrosamente, un oyente se inspiró y escribió para decir que tenía una columna encorvada y una pierna más corta que otra. Decidió ir a nuestra iglesia, y dijo que tenía fe en que nuestras oraciones curarían su condición.

¡Yo estaba en el foco central! ¿Debería haber cerrado mi boca? ¿Estaba adentrándome en terreno peligroso?

Cuando el hombre apareció en la iglesia un domingo y luego fue a la sala de oración, yo sabía que había llegado el "momento de la verdad". Le pedí que se sentara en una silla, sostuve sus dos piernas y noté que su pierna derecha era cinco octavos de pulgada más corta que su pierna izquierda. Oré y le pedí a Jesús que sanara a ese hombre. De inmediato, la pierna derecha creció ante nuestros ojos hasta que se emparejó con la otra, ¡y su columna se enderezó!

Él escribió varios días después, diciendo que había intentado toda prueba que recordaba y el milagro seguía firme. Después regresó para librarse de un espíritu de temor. El hombre fue sanado de manera gloriosa y también liberado. Me alegré de haber tenido un evangelio completo que presentarle a ese hombre.

¿Deberíamos dejar a un lado alguna parte de las buenas nuevas de salvación? ¿Deberíamos tener el gozo de ver pecados perdonados, pero permitir que haya personas afligidas con enfermedades físicas y tormento mental? Admito que no todo aquel por quien oramos es sanado o liberado, y podría haber muchas razones para ello, pero ese no es motivo para dejar de predicar un evangelio *completo*.

Debatir con los escépticos

Durante una aparición en una televisión en Toronto, aparecí junto a un ministro incrédulo liberal. Él pensaba que los primeros once capítulos de Génesis eran un mito, y no creía en absoluto en los demonios.

Le expliqué que la Biblia hablaba claramente acerca de los demonios y cómo Jesús trató con ellos echándolos fuera. Le enseñé que Satanás había entrado en Judas Iscariote, y cómo los discípulos también echaron fuera demonios. Este ministro liberal respondió que los demonios eran las "interpretaciones" de los hombres que escribieron los Evangelios y el libro de Hechos. Él quería pruebas.

Le hablé de personas que habían sido atadas en su mente o en su cuerpo y que fueron liberadas permanentemente cuando echamos fuera demonios en el nombre de Jesús. ¿Qué más pruebas necesitaba? Entonces le pregunté al ministro liberal que me dijera qué era lo que salía de esas personas afligidas cuando gritaban o caían al suelo.

Su respuesta fue sorprendente. "No tengo duda de que usted les sanó", destacó. Yo le corregí y señalé que yo fui solamente un instrumento en las manos de Jesús. ¿Cómo podía la gente recibir sanidades milagrosas y liberación si los demonios no existieran? El hombre no tenía respuestas.

Actualmente, Jesús está restaurando todos los dones y oficios del Espíritu Santo para que la iglesia pueda predicar un evangelio completo como lo hizo Felipe. Si caminamos en fe y obediencia, podemos esperar las mismas experiencias y resultados después de nuestra predicación.

Recuerde: echar fuera demonios está en lo más alto de la lista de señales que deberían seguir a nuestra predicación (véase Marcos 16:17). La liberación no es algo que podemos barrer y esconder debajo de nuestra alfombra teológica y olvidarlo. Dios está restaurando el ministerio de liberación como una parte esencial del evangelio para llevarlo a todas las naciones.

3. ¿No es mentalmente poco saludable ser demasiado "consciente de los demonios"?

A los que se involucran en el ministerio de liberación a menudo se les acusa de estar más interesados en los demonios que en el Espíritu Santo. Algunos suponen que no tenemos una actitud sana, que pensamos que todo aquel que se involucra en este ministerio va por ahí "cazando brujas" y "viendo demonios" detrás de cada árbol o circunstancia.

Admitimos libremente que algunos en este ministerio culpan a los demonios de todo, en vez de culparse a sí mismos. Algunos, pretendiendo tener "discernimiento de espíritus", se la juegan y dicen: "Usted tiene un espíritu de __________", y luego proceden a "expulsarlo", o afirman hacerlo, de todos modos.

Este tipo de conducta puede impresionar a algunos, pero ofende a otros. Debemos *saber de cierto* que la actividad demoniaca está presente antes de comenzar a reprenderla y echarla fuera.

En todo verdadero mover del Espíritu de Dios hay personas entusiastas que quieren ayudar sin tener la experiencia adecuada a sus espaldas. No obstante, debemos admitir que nadie aprenderá jamás a menos que comience en algún momento. No seamos demasiado exigentes con esos entusiastas. Los novatos deberían involucrarse bajo la dirección de otros cristianos más experimentados.

Los cristianos que se involucran en el ministerio de liberación no están *buscando* demonios, sino llevar sanidad y liberación a los miles de personas que están oprimidas.

Manifestarse solos

Cuando el Señor me abrió los ojos por primera vez a la realidad de los demonios, yo *no* los estaba buscando. Mi única motivación era llevar sanidad a un hombre que estaba crónicamente enfermo. Alguien me había aconsejado cambiar mi método de oración. En lugar de pedir a Jesús que sanara a ese hombre, aquella persona me sugirió que podría obtener mejores resultados reprendiendo a la enfermedad en el nombre de Jesús.

Los resultados fueron asombrosos. Me encontré cara a cara con los demonios de inmediato. Pero yo no los estaba *buscando*. Ellos reaccionaron cuando les desafié en el poderoso nombre de Jesús. Muchos cristianos, por temor a lo desconocido, prefieren no hacer nada con respecto a los demonios. Nuestra ignorancia e inactividad les permite permanecer ocultos mientras continúan felices con su obra perversa.

Los demonios siempre reaccionan cuando se predica a Jesús de manera completa. Los espíritus malignos a menudo engañan a las personas para que crean que no existen. Los demonios pueden arrojar crítica o condenación sobre quienes les expulsan.

Durante un servicio de adoración en Brooklyn, Nueva York, un demonio religioso comenzó a manifestarse alabando a Dios con voz de falsete. El rostro de la persona estaba desencajado de angustia. Reconocí al demonio y le eché fuera al final del servicio. Yo no lo estaba buscando, pero la adoración a Dios le expuso sacándole de su escondite, y provocó que este demonio intentara simular alabanza.

¿Qué ocurrió cuando Jesús entró a una sinagoga en Capernaúm? ¿Estaba Él buscando demonios? No, solo estaba enseñando doctrina cuando de repente un espíritu inmundo gritó.

> *Pero Jesús le reprendió, diciendo: ¡Cállate, y sal de él! Y el espíritu inmundo, sacudiéndole con violencia, y clamando a gran voz, salió de él.* (Marcos 1:25–26)

El espíritu maligno obedeció. Las personas de la sinagoga sin duda quedaron asombradas por esos acontecimientos atípicos. Quizá si Jesús hubiera sido más refinado y diplomático, ¡habría evitado una "reacción desagradable" en la casa de Dios!

No, no buscamos demonios; pero ellos están escondidos hasta que nos dirigimos a ellos y les echamos fuera, o hasta que la presencia del Señor les incomoda y se manifiestan solos.

4. ¿No podemos tratar más eficazmente con los demonios simplemente alabando a Dios e ignorándolos?

En el mover del Espíritu Santo hoy día, la necesidad de alabar a Dios se enfatiza en muchas enseñanzas. La alabanza y la adoración bíblicas tristemente han faltado en las iglesias denominacionales históricas. Pero donde se practica el verdadero regocijo, los adoradores descubren que "*el corazón alegre constituye buen remedio; mas el espíritu triste seca los huesos*" (Proverbios 17:22).

¿Existe algún límite para ser agradecidos en esta vida?

> *Dad gracias en todo, porque esta es la voluntad de Dios para con vosotros en Cristo Jesús.*
> (1 Tesalonicenses 5:18)

> *Dando siempre gracias por todo al Dios y Padre, en el nombre de nuestro Señor Jesucristo.* (Efesios 5:20)

Las Escrituras nos dicen que demos gracias *en* todo y *por* todo. Demostrar esta actitud en medio de la adversidad dará como resultado que tengamos un espíritu gozoso. Al alabar a Dios, podemos impedir ciertamente que espíritus malignos de desaliento, celos y crítica nos roben la victoria del Calvario.

Sin embargo, la doctrina de la alabanza no reemplaza la doctrina de la liberación. Las dos son distintas y separadas, pero a la vez complementarias. En muchos casos, puede que una persona esté atada por un "*espíritu angustiado*" (Isaías 61:3), y este debe ser reemplazado por el espíritu de gozo. Alabar a Dios desde el corazón es difícil si uno está atado por un espíritu angustiado.

La angustia y la depresión son características de un espíritu demoniaco, mientras que el gozo es una característica del Espíritu Santo. La angustia debe ser expulsada en el nombre de Jesús antes de poder orar por la llenura del Espíritu Santo. Cuando el Espíritu Santo entra, la persona que estaba afligida descubrirá que le resulta mucho más fácil adorar a Dios.

No hay sustituto

Permítame añadir este aviso. Alabar a Dios a gran voz o con las manos levantadas se puede hacer en la energía de la carne, y no desde lo más hondo del corazón. Este ejercicio producirá tan solo cansancio. Una muestra de esfuerzo carnal no echará fuera ningún espíritu de una persona.

Primero, debemos llegar al punto de dar gracias a Dios *en* nuestro sufrimiento. Entonces debemos resistir cualquier tentación de sentir lástima por nosotros mismos y comenzar a alabar a Dios en la situación desagradable; entonces animaremos a nuestro espíritu y mente a creer en Dios para la liberación final.

Aunque he ministrado a grupos carismáticos a los que se les ha enseñado a alabar, he tenido que echar espíritus de ellos. La alabanza no es un sustituto de la liberación, aunque ciertamente la alabanza hace más fácil resistir a Satanás.

La primera reacción después de una liberación es casi siempre un fuerte deseo de alabar a Dios. A veces, la persona puede estar tan sobrecogida de emoción que su alabanza se muestre con lágrimas, lo cual es un poco difícil de entender para los no creyentes.

La alabanza es buena, pero no es sustituto de la liberación. Si está usted afligido, comience a alabar a Dios y busque la ayuda que necesite para ser libre de la opresión demoniaca. Necesitamos experimentar liberación de la atadura y libertad en la adoración si queremos estar sanos en cuerpo, mente y espíritu.

5. ¿No magnifica el ministerio de liberación al diablo en vez de a Jesucristo?

Por el contrario, el ministerio de liberación evidencia la derrota del diablo más claramente que cualquier otro ministerio que yo conozca. Cuando echamos fuera espíritus malignos en el nombre y la autoridad de Jesús, Jesús es magnificado, y no Satanás y sus hordas malignas.

Cuando usted "magnifica" algo, lo hace parecer más grande o mejor. ¿Cómo es posible que *echar fuera* demonios les haga parecer más grandes que Jesucristo? Si podemos ordenar a los demonios que salgan en el nombre de Jesús, y obedecen, ¿no demuestra eso el *poder* de Jesús y la *falta de poder* del diablo?

¿De dónde ha salido la idea de que derrotar demonios y echarlos fuera da gloria *alguna* al diablo? ¡Qué gloria tan extraña es *esa*! ¿Recibe el hombre gloria alguna cuando se le despide de su trabajo? ¿Hay alguna gloria para los demonios cuando se les expulsa en el nombre de Jesús? Nada más lejos, ya que echar fuera demonios demuestra las criaturas tan miserables y débiles que realmente son.

Esta pregunta normalmente la hacen los cristianos que asisten a iglesias donde el mandamiento bíblico de "echar fuera demonios" no se obedece. No se ha enseñado a esos creyentes que Jesús derrotó demonios, enfermedades y dolencias en el Calvario. Esos cristianos desinformados pasan por la vida creyendo que están "llevando su propia cruz" cuando llega la opresión. ¡Cuánto debe de disfrutar el diablo por nuestra terrible ignorancia del poder del evangelio!

El corazón del evangelio

¿Qué dice la Escritura acerca del propósito de Jesús de venir a esta tierra?

> *Para esto apareció el Hijo de Dios, para deshacer las obras del diablo.* (1 Juan 3:8)

> *Cómo Dios ungió con el Espíritu Santo y con poder a Jesús de Nazaret, y cómo éste anduvo haciendo bienes y sanando a todos los oprimidos por el diablo.* (Hechos 10:38)

> *Para destruir* [Jesús] *por medio de la muerte al que tenía el imperio de la muerte, esto es, al diablo, y librar a todos los que por el temor de la muerte estaban durante toda la vida sujetos a servidumbre.* (Hebreos 2:14–15)

La esencia del evangelio es el poder de Jesús para librar a la humanidad sufriente de la cruel opresión del diablo. Esto se hace mediante la predicación de la Palabra, echando fuera demonios y sanando a los enfermos.

Los trucos, competiciones y "facilidades" usadas por muchas iglesias hoy día para animar a los cristianos a "ganar almas" ciertamente no están basados en la Biblia. Sin embargo los que "juegan al evangelio" con esos medios no bíblicos de alcanzar a los perdidos hacen burla de quienes nos tomamos en serio el mandamiento de Jesús de "echar fuera demonios".

Una de las primeras demostraciones del poder de Jesús ocurrió cuando Él echó fuera a un demonio de un hombre en Capernaúm (véase Marcos 1:23–27). Más adelante, les dio a sus doce discípulos autoridad sobre todo demonio y poder para curar toda enfermedad (véase Lucas 9:1). Finalmente, transmitió este ministerio de liberación a toda la iglesia, diciendo: "*Y estas señales seguirán a los que creen: En mi nombre echarán fuera demonios*" (Marcos 16:17).

El ministerio de liberación no es un añadido desagradable al evangelio. Echar fuera demonios es uno de los ministerios esenciales de quienes predican el evangelio. ¡Gracias a Dios que todo el ministerio de liberación se está redescubriendo en este derramamiento actual del Espíritu Santo! Cada vez más cristianos llenos del Espíritu están entrando en la batalla, y miles están siendo liberados.

6. ¿Por qué culpar de las obras de la carne a los demonios?

Obviamente, las tentaciones de la carne son distintas a la opresión demoniaca. Si su problema es debido a las debilidades de la carne, puede usted obtener victoria muriendo a los deseos de la carne, confiando en Jesús y caminando en el poder del Espíritu Santo; pero si su problema no se resuelve, entonces podríamos sospechar de la actividad de demonios.

Estos dos tipos de problemas hay que manejarlos de dos maneras muy distintas. La carne tiene que ser *crucificada,* pero los demonios deben ser *expulsados.* No se puede crucificar a un demonio.

La Biblia nos enseña a someter las obras de la carne Jesucristo. Debemos "considerar" que nuestra vieja naturaleza adámica, la cual es corrupta, está clavada en la cruz de Jesús. Esta es una "consideración" diaria.

> *Así también vosotros consideraos muertos al pecado, pero vivos para Dios en Cristo Jesús, Señor nuestro. No*

> *reine, pues, el pecado en vuestro cuerpo mortal, de modo que lo obedezcáis en sus concupiscencias; ni tampoco presentéis vuestros miembros al pecado como instrumentos de iniquidad, sino presentaos vosotros mismos a Dios como vivos de entre los muertos, y vuestros miembros a Dios como instrumentos de justicia.*
>
> (Romanos 6:11–13)

Jesús solo puede vivir su vida en un cuerpo mortal de un cristiano si se le da permiso diariamente; pero si ese cristiano le devuelve su antigua naturaleza carnal a Satanás después de considerarse muerto, entonces Satanás la volverá a tomar con mucho gusto (o cualquier parte de ella). No debemos culpar al diablo por nuestras recaídas. Debemos culparnos a nosotros mismos.

Combatir las obras de la carne

El apóstol Pablo claramente advirtió a los gálatas acerca de las obras de la carne.

> *Y manifiestas son las obras de la carne, que son: adulterio, fornicación, inmundicia, lascivia, idolatría, hechicerías, enemistades, pleitos, celos, iras, contiendas, disensiones, herejías, envidias, homicidios, borracheras, orgías, y cosas semejantes a estas; acerca de las cuales os amonesto, como ya os lo he dicho antes, que los que practican tales cosas no heredarán el reino de Dios.*
>
> (Gálatas 5:19–21)

La solución para combatir las obras de la carne se encuentra en ese mismo capítulo. *"Digo, pues: Andad en el Espíritu, y no satisfagáis los deseos de la carne"* (Gálatas 5:16).

Los cristianos tienen que reemplazar la conducta o los hábitos pecaminosos por una actividad guiada por el Espíritu. En vez de robar, una persona tiene que trabajar con sus manos. El vocabulario grosero hay que reemplazarlo por palabras que edifican (véase Efesios 4:28–29).

El apóstol Pablo también exhortó a los primeros cristianos: "*Ni deis lugar al diablo*" (Efesios 4:27). Si rendimos alguna parte de nuestra vieja naturaleza al diablo después de la conversión, él inmediatamente toma lo que puede y maquina para "instalar" un demonio que continúe la obra de maldad.

Esto es lo que ocurre cuando un cristiano recae. En los casos donde se produce una recaída crónica, el individuo atormentado quizá necesite llamar a los ancianos de la iglesia para que hagan la oración de fe y le liberen de esos poderes demoniacos.

No estoy diciendo que un cristiano esté oprimido por los demonios en el momento en que recae y participa de una actividad carnal; pero sin duda está preparando el camino para que Satanás ocupe un área de su vida. No hay protección alguna de la opresión demoniaca salvo el arrepentimiento inmediato, invocar la sangre de Jesús y volver a tener una comunión plena con Jesús. Mantener un caminar con Dios íntimo es esencial para mantener su liberación.

7. Si el ministerio de liberación es válido y bíblico, ¿dónde ha estado a lo largo de la era de la iglesia?

Los escritos de algunos de los primeros padres de la iglesia, como Ireneo, Policarpo, Justino Mártir y Clemente, indican que cada nuevo convertido normalmente experimentaba liberación en su conversación antes de ser bautizado en agua. Escritos antiguos de la iglesia católico romana revelan que ciertos sacerdotes tenían un ministerio de liberación, con toses y manifestaciones similares a las que vemos en este ministerio en la actualidad.

Desgraciadamente, la iglesia cayó en la apostasía con el paso del tiempo. A pesar de perder el uso de muchos de los ministerios y dones preciosos del Espíritu Santo, la iglesia comenzó a recapturar estas verdades mediante Martín Lutero, los hermanos Wesley y otros grandes líderes evangélicos del siglo pasado.

Dios continuó restaurando gradualmente las verdades olvidadas. La justificación por fe, el bautismo por inmersión y la traducción de la Palabra de Dios al lenguaje del pueblo común produjeron un cambio y una revolución tremendos. Con la llegada del siglo XX, el derramamiento del Espíritu Santo resurgió con el hablar en lenguas, la profecía y el ministerio de sanidad divina.

A mediados de siglo, los cristianos comenzaron a darse cuenta de que los demonios provocan enfermedades mentales y físicas. Siguiendo el patrón bíblico de Cristo y sus discípulos, comenzamos a echar fuera demonios de las personas afligidas que buscaban alivio de su opresión. Las reuniones de liberación se recibieron con burla, especialmente por los grupos que no entendían este ministerio.

Limpiando la iglesia

Una gran oposición llegó de la mano de hablar en lenguas con la llegada del siglo, pero Dios siguió hacia delante.

A pesar del desacuerdo y la oposición al ministerio de liberación, Dios seguirá avanzando en victoria.

Jesucristo está preparando a su iglesia, su esposa, para que sea sin mancha ni arruga y esté preparada para su venida. La novia necesita mucho "trabajo". Jesús no va a regresar a buscar una esposa católico romana o una esposa protestante; Él regresará a buscar una iglesia, compuesta por hombres y mujeres lavados en su sangre y llenos del Espíritu. Como la parábola de las cinco vírgenes sabias, Él está buscando aquellos cuyas lámparas están llenas de aceite y ardiendo con fuerza.

El día de las denominaciones ha terminado. La única "iglesia mundial" será la verdadera que Jesús está edificando en cada nación. Este es el día de la limpieza, y por eso Dios está restaurando el ministerio de liberación en la iglesia.

Muchos cristianos necesitan liberación de la opresión satánica. No debemos tener miedo a ejercitar nuestra legítima autoridad en Jesucristo para liberar a los cautivos. Usémosla para preparar al cuerpo de Cristo para la última fase de la era de la iglesia.

8. ¿No sería mejor echar fuera los demonios de nosotros mismos, en vez de preocuparnos por los demonios de otros?

Algunas de las personas que hacen esta pregunta sienten que "demonio" es una palabra sucia, y que liberación es un asunto embarazoso y privado del que preferirían "liberarse a sí mismos" antes que pedir que otra persona ore por ellos.

Por otro lado, algunas personas están preocupadas con el asunto de la liberación desde otro punto de vista, y se preguntan: "¿Cómo afectará mi actitud hacia mi amigo cristiano si empiezo a creer que él está oprimido por un demonio? ¿No deteriorará eso nuestra relación? ¿No me hará estar más cauteloso con él? ¿No sería mejor que no diera lugar a tales pensamientos, y tan solo mantuviera limpia mi propia vida?".

Tratemos en primer lugar la segunda pregunta. Si un amigo suyo obviamente está oprimido por un demonio, ¡no le hace usted ningún favor ignorando su problema y actuando como si no existiera!

Si realmente le ama como hermano en Cristo, entonces debiera pasar tiempo con él en oración y comunión hasta que esa persona llegue a entender su problema. Cuando esté listo para la liberación, usted debe ser el primero en ofrecerle una mano de ayuda, ya sea echando fuera al demonio usted mismo o llevándole a un hombre o mujer de Dios que practique este tipo de ministerio.

Otro cristiano nunca debería ser excluido de su círculo de relaciones solo porque esté oprimido por un demonio. A pesar de estar bajo el ataque de Satanás, es un hermano que también tiene al Espíritu Santo en él. Si hay un momento adecuado en que una persona necesite compañerismo, es cuando está siendo oprimido por el diablo. No peque contra su hermano cristiano ignorando sus problemas. Acérquese en amor y libere a los cautivos en el nombre de Jesús.

¿Liberarse a uno mismo?

Permítame responder a la primera pregunta sobre "liberarse a uno mismo". Estoy de acuerdo en que los cristianos pueden liberarse a sí mismos de la opresión demoniaca, y muchos lo han hecho. Para algunas personas, sin embargo, *puede* que sea una experiencia incómoda.

Conocemos a un abogado en Michigan que escuchó una enseñanza sobre la liberación y decidió intentarlo sobre sí mismo mientras conducía hacia su casa. En el momento en que reprendió verbalmente a los espíritus en sí mismo y les ordenó que salieran en el nombre de Jesús, inmediatamente comenzó a sentir náuseas. Sin esperar aquello, llegó a la puerta de su casa justo a tiempo, salió dando tumbos del automóvil, ¡y comenzó a vomitar en el jardín frontal de su casa! Más adelante, cuando compartió su experiencia con nosotros, le recordé que si otro ministro hubiera orado por él, habría sido mucho más fácil.

Si someterse al ministerio de liberación le parece un tanto embarazoso, recuerde que puede que sea exactamente ese el tipo de humildad que algunos necesitamos para ser libres. Quizá sea esa la razón por la que el apóstol Santiago nos dice: *"Confesaos vuestras ofensas unos a otros, y orad unos por otros, para que seáis sanados"* (Santiago 5:16).

Observe que la confesión de pecado, lo cual es algo difícil si no embarazoso de hacer, precede al orar unos por otros. Una vez que hemos confesado nuestras necesidades y nuestras faltas unos a otros, es mucho más fácil hacer la oración de fe. Recuerde: la oración de *fe*, y no la oración de incertidumbre, produce resultados.

9. Si el gran arcángel Miguel no se atrevió a reprender a Satanás, ¿quiénes somos nosotros para hacerlo?

Esta pregunta frecuentemente la plantean quienes no entienden nuestra maravillosa autoridad en Cristo. Veamos el pasaje sobre el que se basa este argumento.

> *Pero cuando el arcángel Miguel contendía con el diablo, disputando con él por el cuerpo de Moisés, no se atrevió a proferir juicio de maldición contra él, sino que dijo: El Señor te reprenda.* (Judas 9)

Si este gran arcángel, que es el ayudador de todos los cristianos (véase Daniel 12:1), no se atrevió a pronunciar ninguna crítica o acusación contra Satanás, ¿cómo es que *nosotros* podemos reprender abiertamente al diablo?

En el principio, Dios hizo al hombre a su imagen, pero *un poco menor* que los ángeles (véase Salmos 8:5). Cuando Jesús, hecho a imagen del hombre pecador, ocupó el lugar del hombre en la cruz y murió por el mundo entero, derrotó a Satanás de manera completa y total para siempre.

Cualquier persona que confíe en Cristo, automáticamente se convierte en un hijo de Dios, elevado a un nivel mucho más alto de lo que era posible en tiempos del Antiguo Testamento. En la época del Antiguo Testamento, los ángeles eran mayores que los hombres; pero después de la cruz, los creyentes fueron elevados por encima de los ángeles, incluyendo a Satanás mismo.

La autoridad del creyente

Dios Padre levantó a Jesús de la cruz hasta la posición de vencedor supremo, y le puso a su diestra sobre su trono. Cristo está sentado en lugares celestiales *"sobre todo principado y autoridad y poder y señorío, y sobre todo nombre que se nombra, no sólo en este siglo, sino también en el venidero"* (Efesios 1:21). Todos los enemigos derrotados están ahora bajo los pies de Jesús.

Posicionalmente, nosotros estamos en Cristo y, por tanto, somos participantes de su victoria. Según las palabras de

Jesús, nosotros también podemos poner *nuestros* pies sobre estos poderes angélicos y demoniacos.

> *He aquí os doy potestad* [*exousia*: autoridad] *de hollar serpientes y escorpiones, y sobre toda fuerza* [*dunamis*: capacidad] *del enemigo, y nada os dañará.*
>
> (Lucas 10:19)

El Padre resucitó a Jesús para sentarse en lugares celestiales, y está autorizado a elevarnos también a nosotros, si permanecemos en Él. Podemos ejercer su poder y autoridad sin ningún temor a represalias de nuestro adversario, el diablo.

La mayoría de las personas no son conscientes de esta autoridad investida en los cristianos y, por tanto, no la usan. Otros son conscientes de ella, pero puede que tengan miedo a ejercitarla para no recibir un "rebote". Su temor e inactividad permite que Satanás continúe su sucio trabajo sin oposición alguna.

Con demasiada frecuencia oramos pero no tomamos nuestra autoridad. Jesús no nos dijo que orásemos para que Él reprendiera al diablo; Él ya lo hizo en la cruz. Nos dice que reprendamos al enemigo en su nombre. Nos convertimos en una extensión de Jesús en la tierra como miembros de su cuerpo: carne de su carne y hueso de sus huesos (véase Efesios 5:30).

Jesús no murió por los ángeles, sino por los seres humanos. Los ángeles se han convertido en nuestros siervos para ayudarnos a ejercer el ministerio de Jesús aquí en la tierra (véase Hebreos 1:14). Si Él echó fuera demonios (ángeles caídos), nosotros podemos hacer lo mismo.

Ahora tenemos su poder notarial, y debemos hacer como Él nos mandó:

Y yendo, predicad, diciendo: El reino de los cielos se ha acercado. Sanad enfermos, limpiad leprosos, resucitad muertos, echad fuera demonios; de gracia recibisteis, dad de gracia. (Mateo 10:7–8)

El trabajo de cada ministro del evangelio del Nuevo Testamento se resume en esta comisión. Si predicamos sin sanidad y sin echar fuera demonios en su nombre, simplemente estamos diciendo, para nuestra propia vergüenza eterna, que conocemos una manera mejor de predicar el evangelio.

ACERCA DEL AUTOR

El escritor y pastor H. A. Maxwell Whyte (1908–1988) se embarcó en un viaje en el ministerio que estuvo lleno de incertidumbre y ausencia de puntos de referencia familiares cuando fue guiado soberanamente por el Espíritu Santo a un entendimiento de la actividad demoniaca y la guerra espiritual. Como es frecuentemente el caso con los pioneros, él fue malentendido, ridiculizado y aislado por parte de la comunidad cristiana, incluso en su propia ciudad de Toronto. A pesar de una gran oposición, siguió adelante en la batalla contra las fortalezas de Satanás, convencido de que el ministerio de liberación tenía base escritural y estaba siendo restaurado a la iglesia en su época. Más adelante comenzó a escribir sus experiencias, y durante las dos décadas y media siguientes fue el autor de dieciocho libros. Su primer libro, *The Power of the Blood* (*El Poder de la Sangre*), ha sido traducido a varios idiomas y ampliamente distribuido por todo el mundo, vendiendo más de medio millón de ejemplares internacionalmente.